BEGEGNUNG MIT DEM HORIZONT

SÜDSEE

TRAUMINSELN IM STILLEN OZEAN

Diese Inselgruppe habe ich die Freundlichen Inseln genannt,
besteht doch eine anhaltende Freundschaft unter
ihren Bewohnern, und ihre Höflichkeit gegenüber Fremden
berechtigt sie zu diesem Namen.

Kapitän James Cook, 1773

Die Koralleninsel Nanuya Levu gehört zur Kette der Yasawa-Inseln im Westen Fidschis.

Am Morgen bringen die Fischer von Atata Island ihren Fang auf den Markt von Nuku'alofa, der Hauptstadt Tongas.

Das türkisfarbige klare Wasser rund um die Yasawa-Inseln in Fidschi ist ideal zum Schnorcheln.

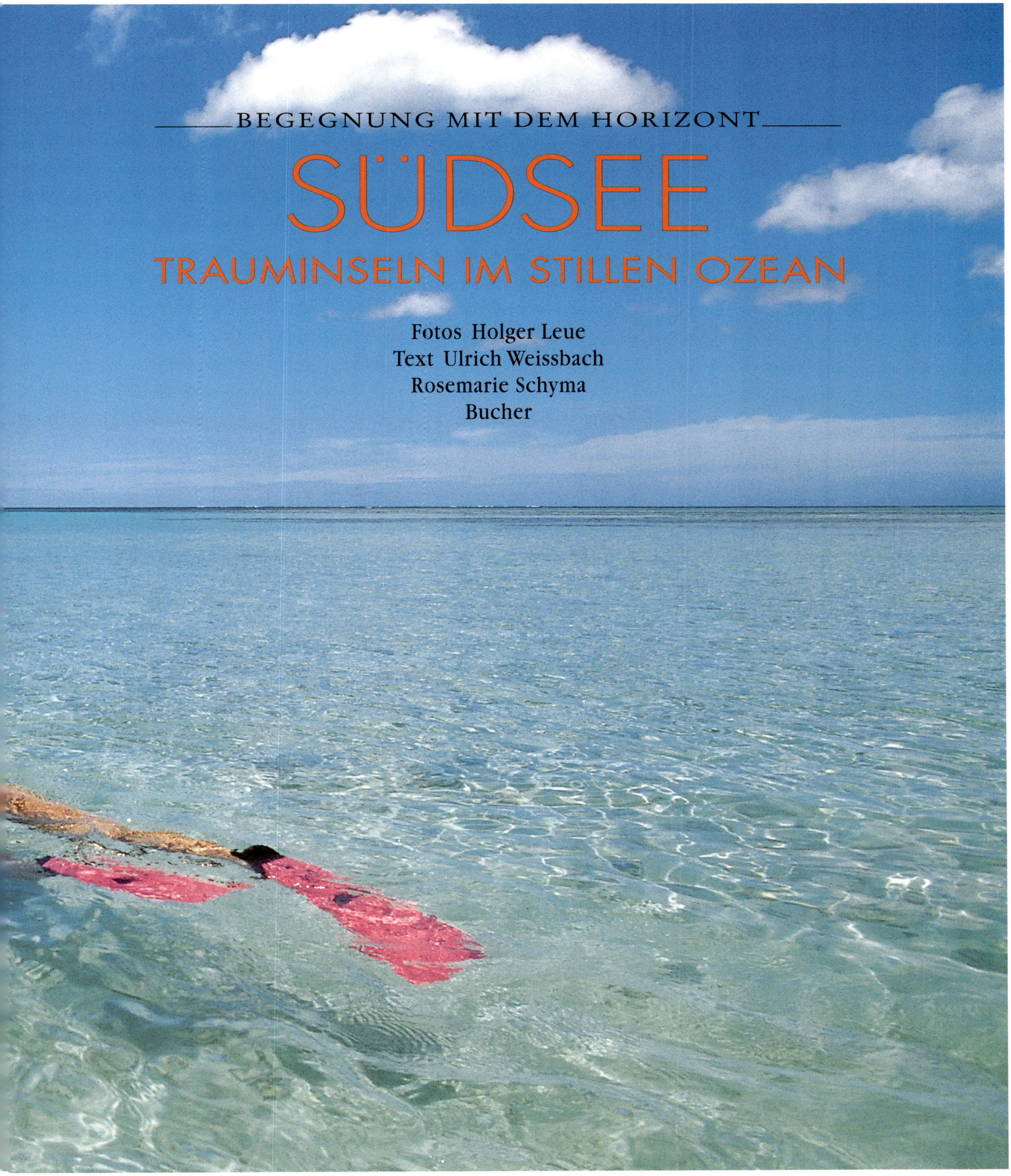

BEGEGNUNG MIT DEM HORIZONT

SÜDSEE

TRAUMINSELN IM STILLEN OZEAN

Fotos Holger Leue
Text Ulrich Weissbach
Rosemarie Schyma

Bucher

INHALT

DIE SÜDSEE – EINE EUROPÄISCHE SEHNSUCHT

Gastfreundliche Inseln mit blauen Lagunen und weißen Stränden liegen in den Weiten des Pazifiks. Hier in Sonne, Wind und Meer wird der Traum vom sorglosen Leben unter Palmen Wirklichkeit.

Seite 1: Sprichwörtlich ist die Freundlichkeit der Menschen auf den Cook-Inseln. – Links: Herzliche Begrüßung in Vanuatu. – Mitte: Abendliche Abkühlung im Hafen von Neiafu (Tonga). – Rechts: Der Stamm der Anditale beim Regional Festival in Port Moresby (Papua Neuguinea).

In den Custom Villages im Inneren der Insel Tanna (Vanuatu) lebt man noch nach den hergebrachten Sitten.

Eine von Bergen gesäumte weite Bucht bildet den natürlichen Hafen von Suva, der Hauptstadt Fidschis auf der Insel Viti Levu.

DIE SÜDSEE – EINE EUROPÄISCHE SEHNSUCHT

Die Neugierde beruht auf Gegenseitigkeit. Besucher aus aller Welt bestaunen die Hochlandstämme von Papua-Neuguinea bei ihrem Treffen auf dem Southern and Highlands Regional Festival in Port Moresby. Für die Bergbewohner aus dem Landesinneren ist die turbulente Hauptstadt mit ihren modernen Errungenschaften nicht weniger faszinierend.

Das Stakkato der Holztrommeln füllt den Raum, überlagert vom Gesang des Chors. Die hellen, melodiösen Stimmen der Frauen wechseln sich ab mit den dumpfen, rhythmischen Anfeuerungsrufen der Männer. Auf der Bühne huschen schlanke Beine barfüßig und fast schwerelos über den Boden, wirbeln Baströcke im pulsierenden Schwung nackter Hüften. Ausgestreckte Arme halten graziös die Balance, Hände mit feingliedrigen langen Fingern sprechen in sanften Gesten zum Publikum. Blankpolierte Kokosnußschalen betonen die Brüste mehr, als sie zu verhüllen. Um den Hals schwingt eine aus Blüten geflochtene Girlande. Klar geschnittene Gesichter strahlen verzückt zum Himmel. Auf wallendem schwarzen Haar wiegt sich im Takt eine mit Perlmuscheln geschmückte Bastkrone. Rhythmuswechsel. Aus dem Hintergrund springen gutgebaute Männer auf die Bühne, bekleidet mit einem knappen Lendenschurz, Blüten im Haar und um den Hals. Muskulöse Beine beantworten den rasenden Wirbel der weiblichen Hüften mit ebenso schnellen Bewegungen. Scherenartig öffnen und schließen sich die Knie, als wollten sie die Beine der Mädchen schnappen. Arme umstreichen den weiblichen Oberkörper, ohne ihn zu berühren. Mit jauchzenden Rufen feuern sich die Tänzer gegenseitig an. Schnell glänzt Schweiß auf brauner Haut und mischt sich mit dem Blütenduft zu einem schweren, süßlichen Geruch. Das Tempo steigert sich von Minute zu Minute dem Höhepunkt entgegen, der mit einem lauten Trommelschlag und einem letzten Jauchzer markiert wird.

Ein polynesischer Trommeltanz ist ein überaus sinnliches Ereignis, in seiner elektrisierenden Erotik nur noch vergleichbar mit einem spanischen Flamenco. Er hat schon den europäischen Seefahrern die Sinne verwirrt, die vor über zweihundert Jahren erstmals in die Südsee kamen. Und er verfehlt seine Wirkung auch heute nicht, wenn in den Hotels von Tahiti oder Rarotonga Touristen mit einer Tanzvorführung unterhalten werden. Dann glänzen bei Frauen und Männern im Publikum die Augen; ein Schelm, wer Schlechtes dabei denkt. Erotik in der Südsee hat einen unschuldig-naiven, eher subtilen Reiz, ganz im Gegensatz zur ordinären Fleischbeschau etwa in den Bars von Bangkok. Und doch ist es der Aspekt, der bis heute am nachhaltigsten zum Mythos der Südsee beigetragen hat. Hinzu kam der Traum von einem besseren Leben in unberührter, üppiger Natur, die ohne viel Arbeit die Bedürfnisse des Menschen befriedigt. Die Vorstellung von einer offenen, freizügigen Gesellschaft ohne Zwang, ohne Unterdrückung und blutige Kriege, vom wiedergefundenen Paradies auf Erden schlechthin.

«Tausend üppige Fluren lachen uns auf den Inseln der Südsee», schrieben Tübinger Studenten 1806 in einem geheimen Manifest. «Ewiger Frühling, herrlicher Boden, köstliche Früchte, wimmelnde Meere, eine ely-

Aitutaki bedeutet Südsee pur. Die Vulkaninsel mit einem flachen Korallenatoll und zahlreichen kleinen palmenbewachsenen Inselchen, den «Motus», gehört zur Südgruppe der Cook-Inseln. Das Leben ist hier geruhsam, und die Bewohner sind ausgesprochen freundlich und hilfsbereit.

Den schönsten Sandstrand auf Bora Bora (Französisch-Polynesien) findet man am Pointe Matira an der Südspitze der Insel. Die dreißig Bungalows des Luxushotels «Moana Beach Parkroyal» sind als Pfahlbauten im kristallklaren Wasser der Lagune errichtet.

sische Natur, und eine politische Lage, die uns auf Jahrhunderte Freiheit garantiert, locken uns dorthin! [...] Wir wollen Europa verlassen, mit Weibern und Freunden uns aufmachen, und von den zahllosen Südseeinseln zu einem glücklicheren Wohnplatz uns eine herauswählen.» Stellvertretend für viele andere Zitate aus zweihundert Jahren europäischer Literatur (siehe Seite 32) verdeutlichen diese Sätze, mit welcher Kraft der Südseemythos schon damals und fortdauernd bis heute wirkte. So oder ähnlich könnten diese Worte auch von einem Kommunarden der sechziger Jahre unseres Jahrhunderts stammen. Wie aber kam es dazu?

EIN KOSMOS AUF DER ANDEREN SEITE DER WELT

Zur Entstehung eines Mythos trägt sicher die Unbestimmtheit und Unerreichbarkeit eines Objekts bei, die Raum für Spekulationen und Phantasien lassen. So suchte sich die Sehnsucht nach dem Paradies den von Europa entferntesten Ort auf der anderen Seite der Erdkugel. Bis heute ist die Südsee kein eindeutig definierter geographischer Begriff. Noch immer wird alles, was Strand und Palmen hat, mit ihr in einen Topf geworfen, seien es die Karibik oder die Philippinen. Der Name geht auf den Spanier Vasco Nuñez de Balboa (1475 – 1517) zurück, der 1513 in Panama auf einen Berg stieg und von dort aus als erster Europäer den Pazifik erblickte. Er gab ihm den Namen «mar del sur», Meer des Südens; denn schon vor ihm hatten die Seefahrer von einem großen Meer im Süden des gerade entdeckten neuen Kontinents Amerika gemunkelt. Der portugiesische Kapitän Fernão de Magalhães (um 1480 – 1521) durchquerte es in spanischen Diensten 1520 als erster Abendländer und nannte es «mar pacifico», den Stillen Ozean, da er von Stürmen unbehelligt blieb. Eine Fehleinschätzung, wie seine von Wind und Wellen gebeutelten Nachfolger feststellen mußten. Trotzdem hielten die Geographen an der Bezeichnung Pazifik fest, für Romantiker und Touristen dagegen blieb es die Südsee.

Mag Magalhães auch die Stürme des Pazifik unterschätzt haben, seine Ausmaße wurden ihm sicher auf dieser ersten Weltumsegelung bewußt. Der Pazifik bedeckt als größtes Meer der Welt fast ein Drittel der Erdoberfläche. Mit siebzig Millionen Quadratkilometern ist seine Wasserfläche so groß wie die gesamte übrige Landfläche der Erde. Aus ihr ragen wie Stecknadelköpfe Tausende kleiner Inseln heraus – die Bergspitzen eines abgesunkenen Urkontinents, dessen Konturen man auf Reliefkarten erkennen kann. Geologen

Die Erfindung des Auslegers machte die Einbäume der austronesischen Vorfahren der heutigen Polynesier zu schnittigen und selbst bei hohem Wellengang hochseetüchtigen Fahrzeugen, auf denen weite Reisen übers Meer möglich wurden.

unterscheiden zwischen hohen Inseln vulkanischen Ursprungs und niedrigen Koralleninseln. Erstere fallen durch eindrucksvolle, grünbewachsene Berglandschaften auf, wie etwa Moorea oder Tahiti in der Gruppe der Gesellschaftsinseln. Die flachen Inseln entstanden aus Riffen, die sich durch das Wachstum der Korallen und tektonische Bewegungen über den Meeresspiegel erhoben. Eine Spezialform ist das Atoll, das aus einem Ring flacher Koralleninseln um eine Lagune besteht (siehe Seite 64). Als einzige Insel auf seiner fast 20 000 Kilometer langen Ost-West-Durchquerung des Pazifiks sichtete Magalhâes ein solches Atoll, Pukapuka in der Nordgruppe der Cook-Inseln. Das zeigt, wie weit verstreut trotz ihrer großen Zahl die kleinen Inseln im schier unendlichen Pazifik sind, verloren fast wie Sterne in einem riesigen Kosmos aus Wasser.

Der Kopfschmuck aus einem Wedel der Kokospalme bietet diesem Kanusteuerer in der Lagune von Bora Bora auf den Îles de la Société zugleich Schutz vor der stechenden Tropensonne.

AUF AUSLEGERKANUS INS UNBEKANNTE

Und doch fanden die Nachfolger des Magâlhaes auf den meisten Inseln schon Menschen vor. Wie waren sie hierhergekommen, ohne die großen Segelschiffe, mit denen sich die Europäer gerade erst ans Ende der Welt gewagt hatten? Diese Frage beschäftigte nicht nur die ersten Entdecker, sie ist bis heute nicht restlos beantwortet. Von Anfang an lag die Vermutung nahe, daß die ersten Einwohner der Südsee aus Südostasien kamen, also vom westlichen Rand des riesigen Ozeans. Von Indonesien reichen über Papua-Neuguinea natürliche Landbrücken und Inselketten bis tief in den Pazifik hinein, die ein Inselspringen auch mit einfacheren Wasserfahrzeugen – zumindest theoretisch – möglich scheinen lassen. Der norwegische Archäologe Thor Heyerdahl (geb. 1914) versuchte mit seiner Kontiki-Expedition im Jahr 1947 zu beweisen, daß eine Besiedelung des Pazifiks auch vom östlichen Rand aus möglich war. Dafür sprechen die um den Äquator vorherrschenden Passatwinde aus östlicher Richtung und einige kulturelle Übereinstimmungen zwischen Südamerika und den östlichsten Inseln des Pazifiks, etwa der Osterinsel, wo Heyerdahl bei seinen archäologischen Forschungen auf zahlreiche Indizien für seine These stieß.

Knusprige Baguettes am Morgen gehören überall auf der Welt, wo man die französische Lebensart pflegt, zum täglichen Leben. Mit nur 8800 Einwohnern zählt Moorea, die Nachbarinsel Tahitis, zu den stilleren Inseln Französisch-Polynesiens.

Zweifellos hat es auch Berührungen zwischen ostpolynesischen und südamerikanischen Kulturen gegeben. Aber die überwältigende Mehrheit der Indizien spricht für die heute allgemein anerkannte Theorie einer austronesischen Kolonisation vom südostasiatischen Raum aus Malaysia, Indonesien und Australien. Sprachverwandtheiten, Ähnlichkeiten in der Kultur, eingeführte Tiere und Pflanzen, mündliche Überlieferungen und Ausgrabungen haben unzweideutige Spuren hinterlassen, die von den heutigen Südseebewohnern zurückführen zu ihren Ursprüngen in Südostasien.

Was Thor Heyerdahl jedoch gelang, war der Beweis, daß Menschen auch mit primitiven Segelfahrzeugen und ohne moderne Navigationsmittel weite Meeresstrecken überwinden können. Sein ausschließlich aus Schilf und Holz gebautes Segelfloß Kontiki bewältigte in 101tägiger Fahrt von Peru aus immerhin eine Strecke von über 7000 Kilometern bis zum Atoll Raroia in Ost-Polynesien. Was die Theorie für möglich hielt, war also auch praktisch durchführbar: weite Seereisen durch den Pazifik lange vor den europäischen Entdeckern. Heute weiß man, daß die frühen pazifischen Seefahrer in Bootsbautechnik und Navigationskunst Heyerdahls primitivem Schilffloß weit überlegen waren. Ihre schnittigen Segelkanus, als schnelle Auslegerboote oder mehrrümpfige Katamarane konstruiert, konnten mühelos auch gegen den Wind kreuzen, eine Eigenschaft, die den schwerfälligen Rahseglern der europäischen Entdecker noch abging. Diese durchquerten deshalb nicht ohne Grund den Pazifik vornehmlich von Ost nach West mit dem Wind. Einen Vorteil aber schienen die europäischen Dickschiffe zu haben: Sie konnten mehr Menschen und vor allem größere Proviantmengen für lange Seereisen transportieren. Wie hatten die pazifischen Seefahrer dieses Problem gelöst? Sie errichteten hölzerne Plattformen über den Rümpfen ihrer Katamarane und bauten darauf kleine Hütten, in denen genügend Lebensmittel und der gesamte Hausrat untergebracht werden konnten. Unterwegs gefangene Fische ergänzten die mitgeführten Früchte- und Gemüsevorräte. Ihren Durst stillten sie aus Kokosnüssen oder mit aufgefangenem Regenwasser. Auf frühen Darstellungen polynesischer Segelkanus erkennt man sogar kleine Gehege zur Haltung von Hühnern und Schweinen sowie Feuerstellen zum Kochen. Natürlich waren auf längeren Reisen auch Frauen und Kinder an Bord, um neuentdeckte Inseln zu besiedeln; außerdem Saatgut und Setzlinge, um sie urbar zu machen. Solche schwimmenden Haushalte durchkreuzten, Archen gleich, die weite Wasserwüste des Pazifiks, oder, um einen moderneren Vergleich zu gebrauchen, wie Astronauten in einer Raumkapsel den Weltraum. Denn für die Polynesier war der Pazifik so unendlich groß wie für uns das All. Sie orientierten sich an den Gestirnen, an der Bewegung der Wellen, an der Temperatur und Farbe des Wassers und den auftretenden Meeresströmungen. Die Nähe von Land erkannten sie an besonderen Wolkenformationen und dem Auftauchen bestimmter Meerestiere und Vögel. Anstelle von Seekarten benutzten sie Gitterwerke aus Stäben, auf denen mit daran befestigten Muscheln die Positionen der Inseln markiert waren. Ein solch weitentwickeltes seefahrerisches Know-how konnte nur in einer maritimen Inselkultur entstehen, wie sie die Philippinen oder Indonesien aufweisen. Auch schon deshalb liegt der Schluß nahe, daß die Besiedelung des Pazifiks von diesen Regionen ihren Ausgang nahm.

Fortsetzung Seite 24

Eine Ananasplantage am Fuß der Vulkanberge bei Paopao an der Nordküste von Moorea (Französisch-Polynesien). Unter den grünen Basaltkegeln der herzförmigen Insel liegen ruhige, durch Riffe geschützte Buchten mit reinem weißen Korallensand.

Der dichte Regenwald im gebirgigen Inneren der Insel Tahiti (Französisch-Polynesien) verbirgt spektakuläre Wasserfälle zwischen moosüberwachsenen Brettwurzeln und Lianen, hellgrünen Farnen und undurchdringlichen Bambusdickichten.

Ein Ausflug mit dem Kajak im Schutz des Saumriffs vor der Küste von Rarotonga, der größten der Cook-Inseln.

Am Sonntagnachmittag versammeln sich in der Hahnenkampfarena von Papeete, der Hauptstadt von Französisch-Polynesien, Hunderte von Schaulustigen. Die blutigen Gefechte der Kampfhähne werden lautstark verfolgt, nicht zuletzt, weil auf den Sieger hohe Wetten abgeschlossen werden.

Beim Gottesdienst in der protestantischen Kirche von Papeete, dem Temple de Paofai, werden inbrünstig die «Himene», ergreifende polynesische Chöre, gesungen. Zum typischen Sonntagsstaat der Tahitierinnen gehören große weiße Strohhüte.

BILDER AUF DER HAUT

Die Kunst der Tatauierung

Fälschlicherweise oft «Tätowierung» genannt, ist die Verzierung des Körpers eines der wenigen Kulturelemente, die Europa und Amerika, wenn auch in verstümmelter Form, aus Ozeanien übernommen haben. Vielfältige Ornamente verwandelten eine tatauierte Person in ein Gesamtkunstwerk von Kopf bis Fuß. Polynesien gilt als das traditionelle Zentrum dieser faszinierenden Form des Körperschmucks, die auf den Marquesas-Inseln zu ihrer höchsten Vollkommenheit entwickelt wurde.

Die Sitte, den Körper mit dekorativen Mustern zu schmücken, war einst in allen Teilen Ozeaniens verbreitet und wurde in Polynesien zu höchster Vollendung gebracht. Hier entstand auch der Begriff *Tatauierung*, der diese traditionelle Kunstform bezeichnet. Dabei wird von einem Spezialisten mittels winziger Einstiche ein Muster oder eine Ornamentierung in die Haut gezeichnet und durch anschließendes Einreiben von Farbstoff sichtbar gemacht. Bei einer anderen Verfahrensweise wird das Tatauierwerkzeug vorher in eine Mischung aus Ruß, Wasser und Kokosnußöl getaucht und dann mit kräftigen Schlägen in die Haut eingetrieben. Daneben existieren auch Formen der Tatauierung durch Narbenbildung und das *Moko*, bei dem Striche, Kurven und Spiralen in die Gesichtshaut geritzt werden, in welche man ebenfalls Farbstoff einreibt. In vielen Gebieten wurden nur einzelne Körperteile, auf den *Marquesas*-Inseln beispielsweise aber auch in jahrzehntelanger Arbeit nach und nach der ganze Körper mit Mustern und reichen Ornamenten bedeckt. Auf diesen polynesischen Inseln heißen die hochbezahlten Könner bezeichnenderweise *Tuhuna patu tike*, zu deutsch etwa «Meister des Bilderklopfens».

Regionale und lokale Bräuche und Formen waren auf den weitverstreuten pazifischen Archipelen sehr unterschiedlich. Auf den zu *Samoa* gehörenden Inseln wurden die Jungen von der Hüfte bis zu den Knien tatauiert. Der Körperschmuck bei den Mädchen beschränkte sich vor allem auf die Verzierung der Kniekehlen und der Handrücken.

Auf *Fidschi* wurden nur die Mädchen tatauiert. Auf einigen Inseln dieser Gruppe wurden die Ornamente nur im Genitalbereich aufgebracht, während auf anderen der Rücken, die Brust, der Bereich vom Nabel bis zu den Oberschenkeln, die Handrücken und Arme sowie die Mundpartie geschmückt wurden. Die ersten Stichmuster erfolgten zumeist bei einsetzender Pubertät als Teil der Initiationszeremonie, die den Übergang des Mädchens zur Frau und Aufnahme in die Welt der Erwachsenen vorbereitete und hervorhob. Darüber hinaus galten sie als Zeichen der Schönheit und des Mutes, nicht zuletzt weil die langwierige Prozedur sehr schmerzhaft ist.

Unter dem Druck der Missionare und der Kolonialadministrationen wurden diese uralten Traditionen auf fast allen Inseln aufgegeben, nur auf Samoa erhielten sich Reste der überlieferten Sitte in ihrer ursprünglichen Bedeutung. Seit den achtziger Jahren unseres Jahrhunderts erlebt sie vor allem hier und auf Tahiti eine Renaissance. Man muß die Wiederbelebung dieses Brauchtums wohl auch als ein Symbol für die gegenwärtige politisch-kulturelle Entwicklung im pazifischen Raum verstehen. Überall auf den Inseln, gerade auch in der pazifischen Literatur, werden Stimmen laut, die zur Besinnung auf das kulturelle Erbe und die eigene Geschichte als notwendige Abgrenzung gegenüber den Einflüssen der westlichen Zivilisation aufrufen. Vergegenwärtigt man sich das Ausmaß der durch Missionierung, Kolonialismus, wirtschaftliche und politische Abhängigkeiten, Industrialisierung und letztendlich auch durch den Tourismus bedrohten Identität der vielen pazifischen Völker, ist dies ein sicherlich großes Ziel. *Rosemarie Schyma*

Ein «Meister des Bilderklopfens» auf der Insel Moorea in Französisch-Polynesien: Die Muster werden mit wohldosierten Schlägen in die Haut getrieben.

Die erste Welle der austronesischen Kolonisation begann um 3000 v. Chr. und trug die «Menschensaat» über Papua-Neuguinea, die Salomon-Inseln bis Vanuatu, den früheren Neuen Hebriden. Bis 1600 v. Chr. waren die weiter östlich liegenden Fidschi-Inseln erreicht, bis 500 v. Chr. Tonga und Samoa. Auf allen diesen Inseln wurden bei Ausgrabungen sogenannte Lapita-Keramiken gefunden, deren Ornamente sich gleichen. Die Datierung dieser ersten Besiedelungswelle konnte durch radiologische Messungen ziemlich genau vorgenommen werden. Weiter als bis Samoa drang die Lapita-Kultur aber offensichtlich nicht nach Osten vor, zumindest fand man dort keine weiteren Zeugnisse mehr von ihr. Um Christi Geburt herum brachen die Bewohner Samoas und Tongas zu einem zweiten Vorstoß auf. Sie hatten sich inzwischen mit späteren Einwanderern aus Asien gemischt und eine eigenständige polynesische Kultur begründet, die sie nun weiter nach Osten trugen. Als Seefahrer hatten sie den Bootsbau und die Kunst der Navigation weiterentwickelt und waren nun in der Lage, noch größere Entfernungen als ihre Vorfahren zu überbrücken. In einem ersten großen Sprung landeten sie viertausend Kilometer weiter östlich auf den Marquesas im heutigen Französisch-Polynesien. Etwa 400 n. Chr. erreichten sie im Süden die Osterinsel und Hawaii im Nordpazifik, 600 n. Chr. die Gesellschafts- und die Cook-Inseln, 800 n. Chr. schließlich Neuseeland. Mit diesen kühnen, jeweils vier- bis fünftausend Kilometer weiten Seereisen war der polynesische Kulturkreis abgesteckt, der einem Dreieck mit den Eckpunkten Hawaii, Neuseeland und der Osterinsel ähnelt. Mit Recht wird die Besiedlung des Pazifiks über gigantische Meeresstrecken hinweg zu einer Zeit, als sich die Europäer noch nicht einmal aus der Sichtweite ihrer Küsten wagten, von Wissenschaftlern als eine der größten Leistungen der Menschheitsgeschichte bezeichnet. Sie war schon seit Jahrhunderten abgeschlossen, als Christoph Kolumbus im Jahr 1492 den Atlantik überquerte.

OZEANISCHE KULTUREN

Das polynesische Dreieck ist denn auch der flächenmäßig größte Kulturkreis im Pazifik, rund fünfmal so groß wie Europa. Zu ihm gehören neben den schon genannten Eckpunkten die Inselgruppen des heutigen Französisch-Polynesiens mit Tahiti, die Cook-Inseln, Tonga, Samoa, Tokelau und Tuvalu. Der Name «Polynesien» wurde aus dem Griechischen abgeleitet und bedeutet soviel wie «viele Inseln». Seine Bewohner sind im Unterschied zu ihren westlichen Nachbarn hellhäutig und großgewachsen, zeichnen sich durch einen ebenmäßigen Körperbau und feingeschnittene

Auf dem Markt von Avarua findet man Wassermelonen und andere tropische Früchte von den Plantagen und Dörfern Rarotongas (Cook-Inseln). Ein flacher, fruchtbarer Küstenstreifen umgibt die erloschenen Vukane.

Beim Gottesdienst in der protestantischen Kirche von Arutanga erklingen mehrstimmige polynesische Hymnen. Ein englischer Missionar und zwei polynesische Laienprediger christianisierten 1821 Aitutaki (Cook-Inseln).

Bei den tropischen Temperaturen auf Aitutaki ist immer Zeit für eine kleine Erfrischung im Schatten. Auf den Cook-Inseln hat sich der leichtlebige polynesische Lebensstil noch erhalten.

Auslegerkanus werden auf Aitutaki noch heute nach derselben Methode wie schon vor Jahrhunderten gebaut. Eine schweißtreibende Arbeit dabei ist das Behauen und Aushöhlen des Baumstamms mit der Axt.

Gottesdienst in der Cook Islands Christian Church in Avarua, der Hauptstadt der Cook-Inseln auf Rarotonga. Die Kirche wurde 1853 aus Korallengestein errichtet. Links neben dem Altar ist immer eine Bank für die oberste «Ariki» reserviert, die Maori-Königin, rechts eine zweite für den Premierminister.

An der Faua Jetty, einem Teil des Hafens von Nuku 'alofa, der Hauptstadt Tongas, legen kleinere Fischerboote und Yachten an.

Ein Feuertänzer zeichnet wirbelnde Flammenkreise ins nächtliche Dunkel. Die traditionellen Tänze Tongas werden, wie hier auf Fafa Island, heute fast nur noch für Touristen vorgeführt. Typisch für die Inselgruppe sind auch die vielen alten Sitztänze.

Gesichtszüge aus, weshalb europäische Entdecker sie auch als «Griechen des Pazifiks» bezeichneten. Der Mythos von der Südsee geht hauptsächlich auf die Begegnung mit dieser polynesischen Kultur zurück.

Im Westen schließt sich Melanesien an, die «schwarzen Inseln», benannt nach ihren dunkelhäutigen Bewohnern, die mit ihren krausen Haaren und negroiden Gesichtszügen eher den Ureinwohnern Australiens oder Papua-Neuguineas ähneln. Die Inseln Fidschis bilden den fließenden Übergang zwischen Melanesien und Polynesien mit Vermischungen und Elementen aus beiden Kulturen. Zu Melanesien zählen außer Fidschi die Inseln Neukaledoniens, Vanuatus, die Salomon-Inseln und Papua-Neuguinea.

Der dritte Kulturkreis im Pazifik ist Mikronesien, auf deutsch die «kleinen Inseln» im Nordwestpazifik, zu denen die Karolinen, die Marianen und die Marshall-Inseln gehören sowie die Gilbert- und die Phoenix-Inseln im heutigen Staat Kiribati. Die Mikronesier sind hellhäutig, haben jedoch einen Schuß mehr asiatisches Blut in den Adern als die Polynesier. Ihr Ursprung wird in der Region um Taiwan vermutet, von wo aus sie sich in südöstlicher Richtung in den Pazifik ausbreiteten und vermutlich auch mit Polynesiern mischten.

HÄUPTLINGE, CLANS UND KANNIBALEN

Gemeinsam war allen drei Kulturen ein Gesellschaftssystem, das auf Häuptlingsaristokratien basierte, dem alten europäischen Feudalsystem nicht unähnlich. Wie dort im Adel gab es hier mehrere Hierarchien von Häuptlingen mit unterschiedlichen Privilegien bis hinauf zu Königen ganzer Inselreiche. Ein Beispiel dafür ist Tonga, das bis heute ein Königreich geblieben ist unter einem Tui, dem «König» Taufa'hau Tupou IV. Der schwergewichtige Monarch führt seine Ahnenreihe in direkter Linie bis auf die polynesischen Götter zurück. Aber auch in den meisten anderen Südseestaaten spielen Häuptlinge, auch nach der Einführung einer parlamentarischen Demokratie, immer noch eine maßgebliche gesellschaftliche und politische Rolle. In Fidschi zum Beispiel bilden die höheren «Ratus» den «Great Council of Chiefs», eine Art Oberhaus oder Senat, der die großen Richtlinien der Politik bestimmt. West-Samoa wird, trotz des geltenden allgemeinen Wahlrechts, immer noch ausschließlich von «Matais» regiert, wie die traditionellen Häuptlinge dort heißen.

Früher hatten die pazifischen Könige oder Oberhäuptlinge ihren eigenen Hofstaat, bestehend aus Sprechern, Beratern, Steuereintreibern, Medizinmännern und Priestern, die in einem niedrigeren Häuptlingsrang standen. Ihre Macht bezogen die Häuptlinge aus dem

Die reichen Fanggründe vor den Südseeinseln liefern seit den Anfängen der Besiedlung einen wichtigen Beitrag zur Ernährung der Bevölkerung. Auf dem Speisezettel stehen schmackhafte Tintenfische (oben) und Seefische aller Art, die im Überfluß täglich frisch auf den Märkten angeboten werden (Mitte und unten).

ihnen zugeschriebenen «Mana», heute würde man Führungsqualität dazu sagen. Obwohl Häuptlingstitel vererbt wurden, konnte dieses Mana nicht durch die Geburt allein erworben werden, sondern mußte durch Taten und Erfolg seine Bestätigung finden. Erfolglose Häuptlinge verloren in den Augen ihrer Untertanen ihr Mana und damit ihr Ansehen und ihre Macht. Andererseits konnten sich, vor allem in Kriegszeiten, auch untergeordnete Männer durch Tatkraft Mana erwerben und so zum Häuptling aufsteigen. Der Häuptlingsrang blieb im übrigen nicht nur Männern vorbehalten.

Sonntag in Neiafu, dem Hauptort der Insel Vava'u. Zum Kirchgang kleiden sich die Tonganer festlich in die traditionellen Ta'ovala-Matten. «Der Sabbat ist für immer heilig», steht in der Verfassung des Königreichs.

Trotzdem sind die Südseegesellschaften heute noch patriarchalisch geprägt, Mann und Frau kommen im Dorf unterschiedliche Rollen und Aufgabengebiete zu. Männer gehen auf die Jagd und zum Fischen, bauen Boote und Häuser und treffen die Entscheidungen, sowohl innerhalb der Familie als auch im Dorf. Frauen ziehen die Kinder groß, kümmern sich um den Anbau von Obst und Gemüse, kochen die Mahlzeiten und beschäftigen sich ansonsten mit Handarbeiten. Besonders ausgeprägt ist die Männerherrschaft in Melanesien, Samoa und Tonga, während in den ostpolynesischen Gesellschaften die Frau mehr Rechte genießt. Auch die Bedeutung der Häuptlinge in den jeweiligen Gesellschaften nimmt von Westen nach Osten hin ab.

Gemeinsam wiederum ist allen die Lebensform der Großfamilie, des Clans, die sich nicht nur aus mehreren Generationen, sondern auch aus mehreren miteinander verwandten Familien zusammensetzt. Kinder wurden von den Erwachsenen gemeinsam aufgezogen, eine feste Bindung zu den leiblichen Eltern gab es nicht. Familienmitgliedern, die aus Unfruchtbarkeit oder anderen Gründen keine Kinder hatten, bekamen kurzerhand welche von anderen geschenkt. Uneheliche Kinder sind in diesen Gesellschaften nie ein Problem gewesen, ebensowenig wie vorehelicher oder außerehelicher Geschlechtsverkehr. Zwar gingen Paare im fortgeschrittenen Alter feste Bindungen ein, in der Jugend aber gab es so gut wie keine sexuellen Tabus.

Wirtschaftlich gesehen waren die Großfamilien Zugewinngemeinschaften, individuellen Besitz gab es nicht. Der Häuptling oder der Häuptlingsrat eines Clans entschied über die Verwendung des Gemeinbesitzes, aller Gütererwerb wurde geteilt. Heute noch kann man in der Südsee heimkehrende Fischer beobachten, wie sie am Strand ihre Netze ausleeren und den Fang auf die Familien eines Dorfs aufteilen. Die Clans und das Dorf bildeten das soziale Netz, das die Grundbedürfnisse nach Essen und Unterkunft für jeden Südseeinsulaner sicherte. Miteinander teilen und die Regeln der Gastfreundschaft waren eherne Prinzipien einer Art Urkommunismus, der natürlich nur solange funktionierte, wie die Inseln isoliert waren von der Weltwirtschaft und dem Geldverkehr. Kein Wunder, daß die Besucher aus dem vorrevolutionären Europa des 18. Jahrhunderts in der Südsee das Ideal einer konfliktfreien Naturgesellschaft gefunden zu haben glaubten.

Was natürlich nicht stimmte. Denn auch die Südseeinsulaner führten seit je Kriege, Clan gegen Clan und Insel gegen Insel. Flottillen von Kriegskanus brachen regelmäßig zu Eroberungsfeldzügen auf und unterwarfen ganze Inselreiche. In Fidschi bekämpften sich die Stämme jahrhundertelang bis zur gegenseitigen Ausrottung. Erst ein weiser Oberhäuptling namens Ratu Seru Cakobau (siehe Seite 71) machte dem Morden 1878 ein Ende, indem er die Inseln der englischen Königin als Kolonie abtrat. So gar nicht dem Mythos von den sanften Wilden entsprach auch die Grausamkeit, mit der die Insulaner gegeneinander vorgingen. Kannibalismus war, vor allem in den melanesischen Kulturen, Bestandteil des täglichen Lebens. Im Verzehren des Gegners glaubte man, sich dessen Mana, also Stärke und Macht einzuverleiben. Eine besonders makabre Hochkultur des Menschenfressens entwickelten die Fidschianer. Die Söhne von Häuptlingen durften zum Beispiel schon im Knabenalter an gefangenen Kindern üben, wie man kunstvoll den Schädel eines Menschen zertrümmert. In fidschianischen Museen kann man

Fortsetzung Seite 36

Eine Charterjacht vor Langitau Island. Ungezählte Schlupfwinkel mit geschützten Ankerplätzen machen die 34 grünen Inseln der tonganischen Vava'u-Gruppe zu einem Paradies für Segelenthusiasten.

Auf Vakaeitu Island im Südwesten der Vava'u-Inseln haben die Gäste des »Papao Resort« die Buchten und weiten Sandstrände ganz für sich allein. Die Wassertemperatur beträgt in diesem Teil Tongas das ganze Jahr konstant 25 Grad Celsius.

DER SÜDSEE-MYTHOS IN DER LITERATUR

Zitate aus zwei Jahrhunderten

Seit den schwärmerischen Berichten der ersten europäischen Entdecker ist der Südseemythos ungebrochen geblieben. Legionen von Schriftstellern und Abenteurern haben an dem Traumgebilde eines Paradieses auf Erden gestrickt, das bis heute in unseren Köpfen herumspukt.

Als einer der ersten Europäer schilderte der französische Kapitän Louis Antoine de Bougainville (1729 – 1811) die Herzlichkeit der Menschen und den überwältigenden Empfang, der ihm 1768 auf Tahiti bereitet wurde: *«Sie alle grüßten uns mit Zeichen der Freundschaft. Auf dem Weg traten sie höflich zur Seite, um uns vorbeigehen zu lassen; überall fanden wir Gastfreundschaft, Ruhe, unschuldige Fröhlichkeit, und jeden Anschein von Glück unter ihnen.»*
Hatte man hier einen Rest des verlorenen Paradieses wiedergefunden? Der deutsche Naturkundler Georg Forster (1754 bis 1794), 1773 mit James Cook auf Tahiti, war tief beeindruckt: *«Das ungewöhnlich sanfte Wesen, das ein Hauptzug ihres Charakters ist, leuchtete aus allen ihren Gebärden und Handlungen und gab einem jeden, der das menschliche Herz studierte, zu Betrachtungen Anlaß.»*
Halb verwirrt, halb hingerissen registrierten die Europäer auch, daß die puritanischen Moralvorstellungen des 18. Jahrhunderts hier keine Gültigkeit hatten.

Selbst die nüchtern-trockenen Logbücher des englischen Kapitäns James Cook (1728 – 1779) lassen den Zwiespalt zwischen Befremden und Bewunderung erkennen: *«Wenn acht oder zehn junge Mädchen versammelt sind, so tanzen sie stets einen sehr unschicklichen Tanz, welchen sie Timorodee nennen; dabei singen sie höchst unschickliche Lieder und haben eine höchst unschickliche Aufführung der Art, wie sie ihnen von frühester Kindheit an gelehrt wird. Doch sind ihre Bewegungen von schönem Gleichklang.»*
Der Schotte Robert Louis Stevenson (1850 – 1894), Autor des klassischen Jugendromans «Die Schatzinsel», hatte eine besonders innige Beziehung zur Südsee. Er verbrachte seine letzten Lebensjahre bis 1894 auf Samoa: *«Ich liebe das Land.*

Bilder des französischen Malers Paul Gauguin (1848 bis 1903), die auf Tahiti entstanden:

Links: «Zwei Frauen von Tahiti» 1892. Staatliche Kunstsammlungen Dresden.

Oben: «Rupe, Rupe, Die Obstpflücker» 1899. St. Petersburg, Eremitage.

1891 kam der Aussteiger Gauguin nach Tahiti in der Hoffnung, hier eine Welt fern der Zivilisation zu finden. Die Hauptstadt Papeete enttäuschte ihn.

Rechts: «Eiaha ohipa – Interieur auf Tahiti» 1896, Moskau, Puschkin Museum.

Gauguin zog sich ins Landesinnere Tahitis zurück und malte in anderthalb Jahren 66 Bilder. Eine kleine Erbschaft ermöglichte ihm 1895 erneut die Fahrt in die Südsee. 1901 übersiedelte er auf die Marquesas-Inseln, wo er von Geldsorgen und Krankheit geplagt, im Streit mit den weißen Obrigkeiten im Jahr 1903 starb.

Ich habe es erwählt als meine Heimat zu Lebzeiten und als Grabstätte nach meinem Tod. Und ich liebe die Menschen, und ich habe sie erwählt als mein Volk, mit dem ich leben und sterben will.»
Der Amerikaner Herman Melville (1819 bis 1891), berühmt durch sein Walfängerepos «Moby Dick», beschrieb in der zweiten Hälfte des 19. Jahrhunderts in mehreren Romanen seine Erlebnisse in der Südsee. Natürlich war auch er von den polynesischen Mädchen besonders angetan: *«Ihr Juwelier war die Göttin Flora. Zuweilen trugen sie Halsbänder von roten Nelken, die auf eine Tapafaser gereiht waren und wie Rubine glühten, oder sie steckten durch ihre Ohrläppchen einzelne weiße Knospen, deren enggekräuselte Kelchblätter wie eine makellose Perle aussahen. Oft umkränzten sie ihre Stirn mit einem Gewinde von Blättern und Blüten; auch Armbänder und Beinspangen dieser Art sah man häufig. Die Mädchen des Tals liebten die Blumen und wurden nie müde, sich mit ihnen zu schmücken.»*
Der französische Maler Paul Gauguin (1848 – 1903) wanderte 1891 nach Tahiti aus: *«Alle Freuden eines freien Lebens – ob tierisch oder menschlich – sind mein. Ich bin allem entrückt, was künstlich, konventionell, was üblich ist. Ich begebe mich in die Wahrheit, in die Natur. Mit der Gewißheit einer Aufeinanderfolge von Tagen wie diesem, alle gleich frei und wunderschön, kehrt Friede in mich ein. Ich entwickle mich normal und beschäftige mich nicht länger mit nutzlosen Eitelkeiten.»*
Den genialischen englischen Jungpoeten Ruper Brooke (1887 – 1915) verschlug es kurz vor seinem Tod 1914 in den Pazifik. In einem Brief an einen Freund schrieb er: *«Es gibt keine Neuigkeiten für dich. Was könnte man schon erzählen von aufgehenden Monden und untergehenden Sonnen und Winden und Bergen und weißen Wolken über dem nächtlichen Pazifik? Ein Tag ist wie der andere: und alle sind gut.»*
Fasziniert von der einfachen Schönheit der Natur war auch der französische Marineoffizier Julien Viaud (1850 – 1923). Unter dem Pseudonym Pierre Loti schrieb der Spätromantiker 1897 über Tahitis Inseln: *«Lausche der äußersten Ruhe der Natur, dem monotonen, ewigen Murmeln der Brecher am Außenriff; schau auf die gewaltige Szenerie, die Türme aus Basalt, die dunklen Wälder, die an den Bergflanken kleben – und all dies verloren inmitten einer weiten, unermeßlichen Einsamkeit – dem Pazifik.»*
William Somerset Maugham (1874 bis 1965), der große englische Erzähler, reiste zu Beginn dieses Jahrhunderts auf Frachtschiffen kreuz und quer durch den Pazifik: *«Der stille Ozean ist unbeständig und wandelbar wie die Seele des Menschen. Manchmal liegt er grau da mit mächtiger Dünung, manchmal ist er wild gebauscht und trägt weiße Wellenkämme. Nicht häufig zeigt er sich blau und glatt, dann aber ist er von anmaßendem Blau.»*
James Michener (geb. 1907) lernte im Zweiten Weltkrieg den Pazifik kennen: *«Ich wünschte, ich könnte euch von der Südsee erzählen. So, wie es wirklich dort war. Der unendliche Ozean. Die unzähligen Kolonien der Korallen, die wir Inseln nannten. Kokospalmen, die sich anmutig dem Meer zuneigten. Riffe, auf denen die anbrandenden Wellen sich in Schaum auflösten, und die unbeschreiblich schönen Lagunen im Innern der Atolle … Aber wann immer ich auch anfange, von der Südsee zu sprechen, kommen mir die Menschen dazwischen.»*
Zusammengestellt von Ulrich Weissbach

Ein traditionelles Haus auf der Insel Savai'j (West-Samoa). »Fale« heißen diese landestypischen, ringsum offenen Gebäude.

filigrane Holzspießchen bewundern, mit denen manierlich die Hirnmasse aus dem Schädel eines erschlagenen Gegners gepickt werden konnte. Aber auch im etwas zivilisierteren Polynesien brachte man den Göttern regelmäßig Menschenopfer dar, wie uns Captain James Cook berichtet.

ANKUNFT DER WEISSEN GÖTTER

Daß das Bild der Südsee trotz dieser Schönheitsfehler so überwältigend positiv ausfiel, lag wohl vor allem daran, daß die Polynesier ihre ersten europäischen Besucher nicht als Feinde, sondern wie überirdische Wesen empfingen. Helle Haut war hier ein Merkmal des Adels, je heller, desto näher war man den Göttern. Ihre Naturreligion führte die Erschaffung der Welt und des Menschen auf mehrere Gottheiten zurück. Sie hatten ihre Inseln aus dem Meer gefischt, ihnen das Feuer gebracht und Halbgötter gezeugt, aus denen wiederum die Menschen hervorgingen. Die von der langen Seefahrt zusätzlich gebleichten Europäer mußten für die Polynesier deshalb wie Gestalten aus der Welt ihrer mythologischen Überlieferung aussehen.

Von der Entdeckung des Ozeans bis zu den ersten fundierten Berichten über die dort lebenden Menschen mußten die Europäer noch über zweihundert Jahre warten. Der erste Weltumfahrer Magalhães war ja 1521 bis an den Westrand des Pazifiks gesegelt, ehe er auf bewohnte Inseln stieß, seinem portugiesischen Landsmann Alvaro de Mendana (1541 – 1595) und dem Spanier Pedro F. de Quiros (1565 – 1615) erging es 1576 und 1606 ebenso. Im 17. Jahrhundert tauchten die Holländer im Pazifik auf. Die Kapitäne Jacques LeMaire (1585 – 1616), Willem C. Schouten (1580 – 1625), Abel J. Tasman (1603 – 1659) und Jacob Roggeveen (1659 – 1729) machten weitere Entdeckungen, aber eher zufällig und im Vorbeifahren. Die großen seefahrenden Nationen dieser Zeit waren viel mehr an einer neuen Schiffahrtsroute für den Gewürzhandel mit Asien interessiert als an irgendwelchen kleinen Inseln. Wenn sie Land suchten, dann den sagenhaften Südkontinent «terra australis», der irgendwo im Süden vermutet wurde. Im 18. Jahrhundert schließlich rüsteten England und Frankreich Expeditionen aus, um diesen Südkontinent endlich zu finden und für sich in Besitz zu nehmen. Der Engländer Samuel Wallis (1728 – 1795) erreichte 1767 mit zwei Schiffen zuerst die Atolle der Tuamotus im Ostpazifik und schließlich Tahiti. Die Kunde von der Entdeckung Tahitis war noch nicht nach Europa gedrungen, als der Franzose Louis Antoine de Bougainville (1729 – 1811) im Jahr 1768 dort ankam, wiederum ein Jahr später gefolgt von dem Engländer James Cook. Die Berichte dieser drei Seefahrer und

Blumen gelten als Sinnbild der Lebensfreude der Menschen in der Südsee:

Oben: Die leuchtendrote Blüte der Frangipani (Plumeria rubra) sendet einen betäubenden Duft aus.

Mitte: Ein Korb, angefüllt mit Hibiskusblüten. Rund 150 Arten des Abelmoschus gibt es in den Tropen. Seine Blüten, Blätter und Stengel werden nicht nur als Schmuck, sondern auch zum Färben von Stoff verwendet.

Unten: Eine Orchideenblüte auf den Salomon-Inseln. Hunderte von Arten in allen Farben und Formen wachsen auf dem Archipel.

Die pazifischen Inseln sind ein unerschöpfliches Reservoir für Blüten und Dolden in allen Farben und Formen.

Oben: Die Ixora ist eine Verwandte des Kaffeestrauchs. Ihre Blüten finden als Blumenschmuck Verwendung.

Mitte: Der Hibiskus tiliaceus mit seinen leuchtend gelben Blüten lieferte den Südseebewohnern leichtes Holz zum Bootsbau und biegsame Fasern für Matten und Schnüre.

Unten: Heliconien gehören zu den schönsten Blumen der Südsee. Die großblättrigen Pflanzen sind in vielen Arten verbreitet.

ihrer Begleiter bildeten den Kern der Geschichten, die zum Mythos der ganzen Südsee werden sollten. Allen drei Expeditionen wurde von den Tahitianern ein überwältigender Empfang bereitet. Zu Hunderten paddelten sie in ihren Kanus den Segelschiffen entgegen, kletterten an Bord, boten Früchte und andere Lebensmittel an, schließlich auch mit eindeutigen Gesten ihre nur dürftig bekleideten Mädchen. «Es war sehr schwierig», schrieb Bougainville, «bei solch einem Anblick vierhundert französische Seeleute, die für sechs Monate keine Frau mehr gesehen hatten, bei der Arbeit zu halten.» Zwanzig Jahre später sollte es zur berühmten Meuterei auf der Bounty kommen, weil die frustrierten Seeleute des englischen Handelsschiffes unbedingt zurückwollten zu den anziehenden Frauen Tahitis.

Die französischen wie die englischen Seeleute hatten aber noch ganz andere Entbehrungen hinter sich, interkontinentale Seereisen waren zu dieser Zeit wahrhaft kein Zuckerlecken. In den vielen Monaten auf hoher See mußten sie sich von wurmstichigem Zwieback, verdorbenem Pökelfleisch und brackigem Wasser ernähren. Mangels Vitaminen litten sie an Skorbut, die hygienischen Bedingungen in den Mannschaftsquartieren waren unbeschreiblich, viele litten an Hautausschlag und Geschwüren. Der Tod durch Auszehrung war ständiger Begleiter auf diesen Expeditionen ins Unbekannte. Kapitän Wallis war bei seiner Ankunft so schwach, daß er sich beim ersten Landgang kaum auf den Beinen halten konnte. Eine resolute Tahitianerin höheren Standes nahm ihn kurzerhand auf die Arme und trug ihn in ihre Hütte, wo er gesalbt und aufgepäppelt wurde. Die Berichte der Entdecker sind voll solcher Anekdoten und machen begreiflich, warum ihnen die sattgrüne Insel Tahiti mit ihren überaus gastfreundlichen Bewohnern als das Paradies auf Erden erscheinen mußte. Während Wallis und Cook ihre Erlebnisse jedoch eher mit britischem Understatement schilderten und die sexuellen Aspekte der Gastfreundschaft höflich umschrieben, ließen die Franzosen ihren Gefühlen freien poetischen Lauf. «Die Göttin der Liebe ist hier zugleich die Göttin der Gastfreundschaft», schwärmte Bougainville, «und jeder Sinnenrausch ist ein Fest für das ganze Volk.»

Zum romantisch verklärten Bild Tahitis gehörte natürlich nicht allein die freizügige Sexualität. Den Besuchern imponierte gleichermaßen das milde Klima und die üppige Natur, die den Menschen das Essen buchstäblich in den Mund wachsen ließ, ihr vermeintlich unbeschwertes Leben ohne gesellschaftliche Zwänge und Konflikte und eine Herzlichkeit im Umgang, die in Europa fremd war. Bougainvilles Begleiter Philibert Commerson verglich Tahiti deshalb sogar mit der Insel Utopia, der idealen Republik, die der engli-

Die Busse in Apia auf 'Upolu fahren ohne festen Fahrplan. Auch gehalten wird nach Bedarf. Wer trotzdem zu einer Fahrt über die am dichtesten bevölkerte Insel West-Samoas einsteigen will, kann danach ein Abenteuer erzählen.

Auf dem farbenfrohen Markt an der Mulinu'u Road von Apia (West-Samoa) gibt es so gut wie alles zu kaufen: Fische und Meeresfrüchte, Obst und Gemüse, Trödel, Tand und Kunsthandwerk. Vor allem aber ist immer Zeit für einen Plausch.

sche Philosoph Thomas Morus (1478 – 1535) gepriesen hatte. In den literarischen Zirkeln Europas wurden die Berichte der Entdecker Tahitis gierig verschlungen. Der deutsche Schriftsteller Georg Forster (1754 – 1794), der zusammen mit seinem Vater den Kapitän James Cook auf seiner zweiten Südseereise von 1772 bis 1775 begleitet hatte, schrieb einen eigenen umfangreichen und präzisen Bericht. In Deutschland, dem Land der Dichter, Denker und Träumer, fiel die Beschreibung der Entdeckungsfahrt auf besonders fruchtbaren Boden. Kant, Gerstäcker, Wieland, Schiller und Goethe schwärmten vom neugefundenen Paradies, Klopstock und Claudius wollten sogar dahin auswandern.

Trotz allen Enthusiasmus' waren die ersten Kontakte zwischen Europäern und Tahitianern aber durchaus auch von Mißverständnissen und Konflikten begleitet, bis hin zu kriegerischen Auseinandersetzungen. Die unverhohlene Neugier der Insulaner an den fremdartigen Schiffen und Werkzeugen nahm schnell zudringliche Formen an. Waren sie erst einmal an Bord, nahmen sie sich alles, was nicht niet- und nagelfest war. Auf die eisernen Schiffsnägel, die sich hervorragend zu Angelhaken umformen ließen, waren sie besonders scharf. Wenn sie sie nicht eintauschen konnten, zogen sie sie einfach aus den Planken, so daß die Kapitäne um den Zusammenhalt ihrer Schiffe fürchten mußten. Der flexible Eigentumsbegriff der Insulaner mußte unweigerlich mit der militärischen Disziplin kollidieren, die auf den Expeditionsschiffen herrschte. Strafmaßnahmen der Europäer lösten Revancheakte aus, manches Scharmützel eskalierte zur offenen Schlacht. Die war dann auch schnell beendet, dank der überlegenen Feuerwaffen der Europäer. Hatte sich der Pulverdampf verzogen, schlossen die Insulaner ebenso schnell wieder Frieden und der Tauschhandel konnte von neuem beginnen. Militärische Machtdemonstrationen unterstrichen eher noch den Götterstatus der Fremdlinge.

WALFÄNGER, RAUHBEINE UND AUSSTEIGER

Rückblickend verliefen diese ersten Auseinandersetzungen aber noch glimpflich im Vergleich zu den Umwälzungen, die von den Nachfolgern der ersten Entdecker ausgehen sollten. Die Kunde von den paradiesischen Inseln verbreitete sich wie ein Lauffeuer und lockte Abenteurer aus aller Welt in den Pazifik. Zuerst kamen die Walfänger, deren Fanggründe im Nordatlantik zur Neige gingen. Mitte des 19. Jahrhunderts operierten allein siebenhundert amerikanische Fangschiffe mit rund zwanzigtausend Mann Besatzung im Pazifik. Während ihrer Liegezeiten in den Häfen gingen die rauhbeinigen Seeleute nicht gerade zimperlich mit den

Abfahrt vom Mulifanua-Kai nahe der Westspitze der Insel 'Upolu. Die »Lady Samoa II« ist eine der beiden Fähren, die mehrmals täglich Savai'i, die andere der beiden größten Inseln von West-Samoa, anlaufen.

Zurecht stolz präsentiert sich das Personal. »Aggie Grey's Hotel« in Apia auf 'Upolu ist eine Institution nicht nur von West-Samoa. Das legendäre Haus im Kolonialstil hat schon viele Berühmtheiten beherbergt.

Mit Tschingdarassabumm geht es durch die Straßen von Apia. Die Polizeimusikkapelle auf der Insel 'Upolu präsentiert sich unverkennbar im Stil des Britischen Empire. Von 1914 bis zur Unabhängigkeit 1962 stand die zuvor deutsche Kolonie West-Samoa unter der Verwaltung von Neuseeland.

Fortsetzung Seite 46

Nach der Messe vor der katholischen Kirche von Bikenibeu, auf dem Atoll Tarawa, dem Regierungssitz der Republik von Kiribati.

Der Film »Die Blaue Lagune« mit Jean Simmons in der Hauptrolle machte 1948 die weißen Strände von Turtle Island (Fidschi) weltberühmt. Heute befindet sich hier ein exklusives Luxusresort im Besitz des amerikanischen Multimillionärs Richard Evanson.

Eine der beliebtesten Anlaufstellen für Segelboote im Südpazifik ist der Port of Refuge in Neiafu auf Vavu'a im Königreich Tonga. Hier ankern oft Dutzende von weitgereisten Hochseejachten.

KAPITÄN JAMES COOK

Entdecker, Forscher und Menschenfreund

In der an Entdeckern nicht gerade armen Geschichte des Pazifiks nimmt der englische Captain James Cook eine besondere Stellung ein. Er tilgte nicht nur in relativ kurzer Zeit die meisten weißen Flecken auf der Pazifikkarte, sondern verband wie kaum ein anderer großer Seefahrer den Entdeckergeist mit anderen wertvollen Eigenschaften. Wo andere nur im Vorbeifahren ein Stück Land in Besitz nahmen, ihm einen Namen gaben und dann weitersegelten, nahm er sich gründlich Zeit. Er war ein Forscher par excellence mit einem ursprünglichen Interesse für fremde Kulturen. In der Kunst der Navigation und Kartographie war er ein Genie seiner Zeit. Trotz einfacher Herkunft entwickelte er in der Führung seiner Logbücher sogar eine gewisse literarische Begabung. Und nicht zuletzt war er ein hervorragender Kapitän, verband Disziplin mit Fürsorge für seine Mannschaft. Seine gute Hand in der Menschenführung, sei es im Umgang mit den eigenen Seeleuten oder mit den Insulanern der Südsee, war entscheidend für seinen außerordentlichen Erfolg.

Auf drei mehrjährigen Forschungsreisen zwischen 1768 und 1779 sammelte der britische Kapitän eine Fülle von naturkundlichen Erkenntnissen und Beobachtungen über die bis dahin für Europäer noch fast unbekannte pazifische Welt. Sie führten ihn und seine wissenschaftlichen Begleiter von der Beringsee im Norden bis zum Packeis der Antarktis im Süden. Wir verdanken ihm die ersten genauen und für lange Zeit gültigen Seekarten Ozeaniens.

Cooks Forschungsschiff «Discovery». Unten die Ankunft in Hawaii, wo er 1779 den Tod fand.

Der Mann, der den Pazifik als erster präzise auf einer Landkarte umriß, wurde 1728 als einfacher Bauernsohn auf einer Farm in Yorkshire, Nordengland, geboren. Er arbeitete sich zum Offizier der englischen Royal Navy hoch, machte sich durch die Kartographierung der Küsten Neufundlands verdient und qualifizierte sich so für größere Aufgaben. Zwischen 1768 und 1779 entsandte ihn die Royal Society in London auf drei ausgedehnte Pazifik-Expeditionen, die Seefahrtsgeschichte machen sollten und seinen Namen unauslöschlich mit der Erforschung des Pazifiks verbanden.

Innerhalb von elf Jahren durchkreuzte er den Pazifik in allen Richtungen, drang als erster Seefahrer bis zur Antarktis vor, entdeckte Neukaledonien und Hawaii und erforschte einen Großteil der vorher schon bekannten Inseln näher. Cook hatte ein Team von Wissenschaftlern an Bord, die Flora und Fauna der Inseln dokumentierten, astronomische Beobachtungen vornahmen und neue Navigationsmethoden entwickelten. Auf seiner zweiten Reise von 1772 bis 1775 begleiteten ihn übrigens die deutschen Naturforscher Johann Reinhold und Georg Forster, letzterer veröffentlichte später einen eigenen vielgelesenen Reisebericht.

Unter Cooks Leitung wurden alle Inseln, einschließlich der Küsten Neuseelands und Australiens, erstmals sorgfältig vermessen und gezeichnet, seine Pazifikkarte blieb bis weit in unser Jahrhundert hinein gültig. Daneben beschrieb der Autor James Cook in detaillierten Logbüchern seine eigenen Beobachtungen, insbesondere über die Kultur der Inselbewohner. Als Ergebnis seiner drei Expeditionen hinterließ er der Nachwelt nicht nur die erste genaue Karte, sondern auch die erste umfassende Beschreibung des Pazifik überhaupt. Cooks Logbücher bilden heute noch eine der wichtigsten Quellen für die historische Erforschung der frühen Inselkulturen.

Johann Reinhold Forster mit seinem Sohn Georg auf James Cooks zweiter Expedition.

Bahnbrechend waren auch Cooks Erfolge in der Bekämpfung des Skorbuts und anderer Krankheiten, die vor ihm die Schiffsmannschaften auf langen Seereisen dezimierten. Den Vitaminmangel glich er durch die Mitnahme von Sauerkraut aus. Er hielt seine Seeleute zur Hygiene an und sorgte dafür, daß sie regelmäßig die Kleidung wechseln konnten, was zu dieser Zeit beileibe keine Selbstverständlichkeit war.

Aber auch im Umgang mit den Insulanern zeichnete sich Cook durch außergewöhnliches Verständnis aus. Er machte nur dann von Waffen Gebrauch, wenn er die Sicherheit des Schiffes in Gefahr sah. Trotz seiner englischen Kühle liebten ihn die Tahitianer und die Hawaiianer beinahe abgöttisch. Daß er schließlich, aufgrund eines Mißverständnisses, dann doch im Jahr 1779 von Hawaiianern umgebracht wurde, bildet den tragischen Schlußpunkt einer großen Forscherkarriere. *Ulrich Weissbach*

Eine besondere gemeinschaftliche Methode des Fischens pflegen seit alter Zeit die Bewohner der Yasawa-Inseln (Fidschi). Auf dem unbewohnten Yoroma-Eiland treffen sich hier die Dorfbewohner einer Nachbarinsel. Zunächst werden ungezählte Wedel der Kokospalme zusammengeflochten, aus denen dann ein großer Kreis von circa hundert Metern Durchmesser im warmen Wasser gebildet wird. Tausende von Fischen werden auf diese Weise eingeschlossen und am Entkommen gehindert. Für sie ist die dünne Barriere aus Palmblättern ein unüberwindliches Hindernis. Im nächsten Schritt wird nun die lange grüne Kette durch das Zusammenlegen einzelner Palmblätter solange kontinuierlich verkleinert, bis schließlich nur eine wenige Meter große Öffnung übrig bleibt. Die sich darin drängenden Fische werden jetzt mit Hilfe eines aus Wurzeln extrahierten Pulvers betäubt und sind danach eine leichte Beute.

Oben: Ein leckeres Mittagsmahl aus dem Erdofen, der auf den Cook-Inseln «Umu» genannt wird: gegartes Hühnchen mit Taro, Papayas mit Kokosraspeln und Orangen.

Mitte: Die Brotfrucht wurde einst Captain Bligh von der «Bounty» zum Verhängnis. Seine Expedition im Jahr 1788 sollte Setzlinge des Baumes von Tahiti nach Westindien bringen und endete mit der berühmten Meuterei.

Unten: Für umgerechnet DM 1,50 bekommt man auf dem Markt von Neiafu (Tonga) einen ganzen Korb voller Kokosnüsse.

Eingeborenen um. Noch rücksichtsloser waren die sogenannten «Blackbirder», die auf den Inseln billige Arbeitskräfte für den Bergbau in Südamerika oder die Plantagen in Australien rekrutierten. Sie betrieben regelrechten Menschenhandel. Meist wurden die ahnungslosen Insulaner auf ein Schiff gelockt und dann gewaltsam entführt. Auch die Kaufleute aller Herren Länder witterten im noch unerschlossenen Pazifik ihre Chance. Zwar gab es dort kein Gold zu finden, aber wertvolles Sandelholz, das in China für Räucherstäbchen gebraucht wurde. Binnen weniger Jahre waren die meisten Bestände auf den Inseln abgeholzt. Fast ausgerottet wurden auch die «bêches de mer», Seegurken, die in Asien als Delikatesse gehandelt wurden. Bald errichteten alle großen europäischen Handelshäuser Filialen im Pazifik. Die Godeffroys aus Hamburg zum Beispiel stiegen ganz groß ins Koprageschäft ein und unterhielten ausgedehnte Kokosplantagen in Samoa, Tonga und Ost-Polynesien. Die Engländer setzten auf den Zuckerrohranbau, deportierten Zehntausende indischer Kulis auf ihre Plantagen in Fidschi und legten so zugleich die Saat für spätere Rassenkonflikte auf der Inselgruppe. Eine Begleiterscheinung der Pionierzeit im Pazifik waren auch die sogenannten «Beachcombers», die man heute als Aussteiger bezeichnen würde. Es waren gestrandete Weiße, die als Deserteure oder Meuterer ihre Schiffe verlassen oder einfach als Abenteurer in der Südsee ihr Glück gesucht hatten und gescheitert waren. Beachcombers hingen in den Bars der Hafenstädte herum, dienten sich als Dolmetscher und Vermittler zwischen Händlern und Einheimischen an oder handelten mit Waffen. Manche avancierten zu Kriegsberatern von Häuptlingen und verdienten an den nunmehr mit Feuerwaffen ausgetragenen Stammesfehden der Eingeborenen. Hundert Jahre nach Bougainvilles Ankunft auf den «glücklichen Inseln» hatte die Südsee ihre Unschuld verloren.

VOM PARADIES INS HIMMELREICH

Den nachhaltigsten Einfluß auf die Kulturen der Südsee übten jedoch die Missionare aus – ein höchst ambivalentes Kapitel in der europäischen Erschließung des Pazifiks. Natürlich hatte sich auch bei den Kirchen schnell die Kunde von dem neuen riesigen Aufgabengebiet auf der anderen Seite der Erde herumgesprochen. Die Abgesandten der 1795 gegründeten «London Missionary Society» waren die Speerspitzen der Bekehrung der Südseeheiden. Während in Polynesien die neue Religion schnell auf fruchtbaren Boden fiel, stieß sie weiter westlich, in Melanesien, auf größeren Widerstand. Nicht wenige Missionare endeten als Festschmaus im Erdofen der Menschenfresser. Schnellen

Bei einer Kanufahrt auf dem Kanal des «Cultural Centre» von Pacific Harbour an der Südküste von Viti Levu werden die Traditionen von Fidschi wieder lebendig. In diesem Freilichtmuseum werden den Besuchern alte Bräuche und die Kultur der «Insel der Kannibalen» vorgeführt.

Gelassen warten diese Frauen an der Haltestelle von Nasautoka auf Viti Levu auf den Bus. Solange man im Schatten sitzt und Unterhaltung hat, wird Fidschi-Zeit nicht mit der Uhr gemessen.

Den weißen Strand mit der türkisfarbigen Lagune von Luengoni halten viele für den schönsten Neukaledoniens: Durch ein Barriere-Riff geschützt, liegt er auf dem Atoll Lifou, der größten Insel in der Gruppe der Îles Loyauté.

Erfolg erzielten die Glaubensboten immer dann, wenn es ihnen gelang, einen Häuptling zu bekehren, der dann kraft seiner Autorität seinen Clan oder eine ganze Inselbevölkerung nachzog. In Tonga unterstützten sie ihnen gewogene Häuptlinge sogar mit Waffen, um andere rivalisierende Stämme gleich mit zu unterwerfen. Trotz solcher fragwürdigen Methoden hatte die Missionierung der Südsee unbestritten positive Auswirkungen. Die Einführung eines allgemein verbindlichen christlichen Moralkodexes bereitete dem Kannibalismus und anderen grausamen Bräuchen wie der Kinds- und Witwentötung ein Ende. Durch die Übersetzung der Bibel in die verschiedenen Südseesprachen führten die Missionare auch die bis dahin unbekannte Schrift ein und schufen so das Fundament für das spätere Bildungswesen. Kirchliche Schulen und Krankenhäuser bildeten die ersten Keimzellen einer Infrastruktur in Medizin und Bildung für die Inseln.

Andererseits richteten die Missionare in ihrem puritanischen Eifer auch gehörigen kulturellen Schaden an. Sie ließen die kunstvoll geschnitzten Götzenbilder verbrennen und die steinernen Tempel und Kultstätten schleifen. Seit Generationen überlieferte Tänze und Gesänge, die Herzstücke der Südseekultur, galten nun als unsittlich und die dazugehörigen traditionellen Musikinstrumente als verpönt. Den Insulanern wurde hochgeschlossene lange Kleidung verordnet, was angesichts des tropischen Klimas nicht nur unpraktisch, sondern in höchstem Maß auch unhygienisch war. Engstirnigkeit und Intoleranz verschütteten die wenigen Manifestationen einer reichen, alten Kultur, die erst heute mühsam wiederbelebt wird. Betrübt betrachtete der deutsche Dichter Adalbert von Chamisso (1781 bis 1838) auf seiner Südseereise den missionarischen Flurschaden: «Auf Tahiti und Hawaii verhüllen Missionshemden die schönen Leiber, alles Kunstspiel ist verstummt, und das Tabu des Sabbats senkt sich still und traurig über die Kinder der Freude.»

DIE KOLONIALE AUFTEILUNG DES PAZIFIK

Was Kaufleute und Missionare begonnen hatten, vollendeten die Kolonialmächte: die Aufteilung des Pazifiks in Interessensgebiete. Frankreich etablierte sich in Ost-Polynesien und Neukaledonien, England in Fidschi, Samoa, Tonga, den Cook-Inseln und anderen kleineren Inselgruppen des Zentralpazifiks. Die USA annektierten Hawaii und dehnten ihre Einflußsphäre später über den ganzen Nordpazifik aus. Das Deutsche Reich unter Bis-

marck eignete sich Teile von Papua-Neuguinea, den Salomon- und Marshall-Inseln sowie Samoa an. Bis zum Jahr 1900 waren die Interessensgebiete weitgehend abgesteckt, erst der Erste Weltkrieg brachte Veränderungen: Deutschland verlor seine «Südsee-Schutzgebiete» an die Vereinigten Staaten von Amerika (Marshall-Inseln, Ost-Samoa) und England (Papua-Neuguinea, Salomon-Inseln, West-Samoa). Natürlich wurden diese Herrschaftswechsel nicht fein säuberlich am Reißbrett vollzogen, sondern zogen sich oft in langen Auseinandersetzungen hin. Um Samoa zum Beispiel gab es zwischen England, Deutschland und den USA ein jahrelanges diplomatisches Tauziehen, ehe der Erste Weltkrieg vollendete Tatsachen schuf. Die Neuen Hebriden, heute Vanuatu genannt, wurden mehrere Jahrzehnte lang von Briten und Franzosen gemeinsam als sogenanntes Kondominium verwaltet.

Hibiskusblüten sind der traditionelle Haarschmuck der Frauen auf den Îles Loyauté. Zahlreiche wildwachsende Arten sind auf Neukaledonien heimisch.

Bei allen territorialen Veränderungen blieb der Pazifik im Ersten Weltkrieg von größeren Kämpfen verschont. Aufsehen erregte allenfalls der deutsche Kapitän Felix Graf von Luckner (1882 – 1966), der mit seinem als Handelssegler getarnten «Seeadler» reihenweise amerikanische und englische Frachter kaperte. Im Zweiten Weltkrieg wurde vor allem der Nord-Pazifik zum Schauplatz zäher Inselkämpfe und gewaltiger Seeschlachten zwischen Japan und den Vereinigten Staaten. Die Inseln im Süd-Pazifik blieben bis auf die Salomonen abermals verschont und dienten allenfalls als Nachschubbasis. Erspart blieben den Südseeinseln bisher auch Bürgerkriege und Befreiungskämpfe, wie sie die Kolonien in Afrika und Südamerika durchmachen mußten, ehe sie ihre Unabhängigkeit erlangten.

Der einsame Felsturm La Roche Percée trotzt seit Jahrhunderten den stürmischen Wogen an der Südküste von Grande Terre in Neukaledonien. Bei Flut und hohem Seegang steht er gischtumhüllt in der schäumenden Brandung.

Eine Madonna krönt die Kapelle Notre Dame de Lourdes beim Dorf Easo über der Bucht von Santal auf der Insel Lifou. Sie ist das Ziel einer alljährlichen Wallfahrt der Gläubigen auf den Îles Loyauté.

Großbritannien, dessen Kolonien nach dem Zweiten Weltkrieg stellvertretend von Neuseeland verwaltet wurden, machte auf dem Verhandlungsweg reinen Tisch. Schritt um Schritt wurden zuerst West-Samoa (1962), dann Fidschi (1970), Papua-Neuguinea (1975), die Salomon-Inseln (1978) und schließlich Vanuatu (1980) in die Unabhängigkeit entlassen. Im Königreich Tonga endete das britische Protektorat im Jahr 1970, die Cook-Inseln blieben bis heute mit Neuseeland assoziiert. Alle ehemaligen britischen Kolonien mit Ausnahme von Fidschi sind noch heute Mitglieder des Commonwealth. Frankreich und die USA haben dagegen bis heute nicht auf ihre Einflußsphären verzichtet. Französisch-Polynesien und Neukaledonien blieben auch nach der Einrichtung einer Selbstverwaltung französische Überseegebiete. Die USA machten Ost-Samoa zum selbstverwalteten US-Territorium und Hawaii 1959 zum Bundesstaat. Ein Großteil der mikronesischen Inseln wird von den USA heute als Treuhandgebiet im Auftrag der Vereinten Nationen verwaltet.

Nur eine staubige Piste führt durch den Parc de la Rivière Bleue auf der Insel Grande Terre (Neukaledonien). Zu seinen Attraktionen zählen gigantische Kaori-Bäume, Reste des früheren Regenwaldes, der die Insel fast vollständig bedeckte.

DIE SÜDSEESTAATEN HEUTE

Wie sieht das koloniale Erbe der Südsee heute aus? Welchen Stempel haben die Kolonialmächte den Inseln aufgedrückt? Wer den American Way of Live kennt, braucht keine große Vorstellungskraft dafür, was aus dem Südseetraum in Hawaii wurde: ein Hollywood-Klischee im besten Fall. Die Inseln Mikronesiens und Amerikanisch-Samoas dagegen degenerierten zum Hinterhof der Südsee, dessen Bewohner mit Hilfe der Dollars von Uncle Sam ein Leben zwischen «Burger»-Bude und Satelliten-TV führen.

In puncto Lebensart sind die genußfreudigen Franzosen und die leichtlebigen Polynesier die wohl gelungenste Verbindung eingegangen. Überschattet wird die Beziehung allerdings deutlich von den jahrzehntelangen Atomversuchen auf den Atollen Mururoa und Fangataufa (siehe Seite 65). Während die USA ihre Atomtests schon in den sechziger Jahren aus dem Pazifik ins eigene Land verlegten, bombten die Franzosen bis heute munter weiter. Neben den noch nicht absehbaren Umweltschäden hat der französische Militärapparat eine wirtschaftliche Abhängigkeit geschaffen, die auch nach einem Teststopp noch lange anhalten wird.

Bis auf die abgelegensten Dörfer auf Lifou in der Inselgruppe der Îles Loyauté hat das Fernsehen Einzug gehalten. Antennen zieren auch hier häufig schon die traditionellen neukaledonischen Rundhäuser.

Die ehemaligen englischen Kolonien haben nach ihrer Unabhängigkeit die alten Strukturen in Verwaltung, Justiz und Schulwesen beibehalten, und natürlich wird dort bis heute auf der linken Straßenseite gefahren. Englisch ist im gesamten Pazifik die offizielle Verwaltungssprache, von den französischen Gebieten einmal abgesehen. Da die deutsche Kolonialherrschaft in der Südsee nur von kurzer Dauer war, sind ihre Spuren

Fortsetzung Seite 58

Auf der Insel Yap wurden bis zu vier Meter hohe Steinräder auf Kanus vom 450 Kilometer entfernten Palau herantransportiert. Zur Herstellung einer einzigen Federgeldrolle auf den Santa Cruz-Inseln benötigte man über 50 000 Federn des Nektarvogels. Vielfältige Vorläufer des heutigen Geldes wie Muscheln und Schnecken dienten auf den Südseeinseln als Symbole für Wohlstand und Ansehen, als Tausch- und Zahlungsmittel.

BEZAHLEN MIT FEDERN UND STEINEN

Traditionelles Südseegeld

In Form von Münzen, Scheinen, Schecks und als Kreditkarten aus Plastik wird Geld in der modernen Gesellschaft als universales Zahlungsmittel eingesetzt. Schon lange vor der Ankunft der Europäer benutzten die Menschen auf den Inseln des Pazifiks begehrte und seltene Gegenstände wie Schnecken, Federn und Steinräder als Schätze und allgemein akzeptierte Währung. Diese frühe Ausprägung einer Geldwirtschaft wird zu Unrecht als primitiv angesehen, denn die Gebräuche, die Werteinheiten und die Durchführung des Zahlungsverkehrs waren überaus kompliziert.

Oben: Fertige Geldschnüre auf Malaita. – Unten: Die Muschelstücke erhalten den letzten Schliff.

Auf vielen melanesischen Inseln waren auf Fäden gezogene Schnecken als Tauschmittel verbreitet. Der Wert dieser Geldschnüre richtete sich sowohl nach der verwendeten Schneckenart als auch nach der Länge der Schnüre. Sie wurden unter strenger Bewachung in besonderen Häusern aufbewahrt, beim Tod ihres Besitzers als Zeichen des Reichtums öffentlich ausgestellt und später an alle Teilnehmer der Trauerfeier verteilt.
Auf den *Santa Cruz-Inseln* verwendete man kostbares Federgeld. Von Spezialisten wurde es unter Verwendung von 50 000 bis 60 000 leuchtend roten Brust- und Nackenfedern des Nektarvogels *(Myzomela cardinalis)* hergestellt und zu Rollen gewickelt. Bemerkenswert ist bei dieser «Währung», daß sie in insgesamt 15 Güteklassen untergliedert wurde. Eine neue, noch nie eingesetzte Rolle wurde am höchsten gehandelt. Nach dem ersten Tausch besaß sie allerdings nur noch die Hälfte des Wertes, jene, die schon das zweite Mal in Umlauf gebracht worden war, galt nur noch ein Viertel usw., bis zu Federgeldrollen der 15. Klasse, die nur noch einen Bruchteil repräsentierten.

Berühmt geworden ist das *Fä*, das Steingeld der mikronesischen Insel *Yap*. Da der für seine Produktion benötigte Stein, ein Aragonit, nicht auf der heimischen Insel vorkam, mußten die Männer dafür rund 450 Kilometer weit nach Palau segeln. Hier wurde der Stein gebrochen, zu Scheiben mit einer Größe von bis zu vier Meter Durchmesser geschlagen, geschliffen, durchbohrt und mit zerbrechlichen Auslegerbooten nach Yap gebracht. So eine Reise konnte mitunter Jahre dauern. Die kostbarsten Fäs tragen Namen, und ihr Wert bemißt sich nicht etwa nach der Größe, sondern nach dem Schwierigkeitsgrad ihrer Gewinnung und der Gefährlichkeit der Reise. Als Symbole des Reichtums sind sie vor Häusern und am Straßenrand in Reihen aufgestellt, wo sie auch dann stehenbleiben, wenn ihre Besitzer umziehen. Jedermann weiß ja, wem sie gehören. Welch bedeutende Rolle dieses Steingeld noch heute im Leben der Inselbevölkerung spielt, zeigt ein

Austernschalen werden von Frauen zu den dünnen Scheibchen des Muschelgelds verarbeitet.

Beispiel: Auch moderne Banken akzeptieren dort noch immer einen Fä als Sicherheit für einen Kredit.
Noch heute werden auch auf einigen Inseln der *Salomonen* und auf dem *Bismarck-Archipel* zu dünnen Scheiben verarbeitete und auf Ketten gezogene Schalen der Stachelauster (Sponylus varius) als Zahlungsmittel bei Grundstücksverkäufen oder zur Entrichtung eines geforderten Brautpreises akzeptiert.
Die Aufgabe der Frauen ist es, die Schalen in kleine Stücke zu zerbrechen und zu durchbohren. Sie danach zu kreisrunden Plättchen zu schleifen, ist dagegen Männerarbeit. Anschließend werden diese winzigen Scheiben auf bis zu drei Meter lange Schnüre aufgezogen. Zehn solcher Ketten bilden einen Strang, die Grundeinheit dieser Währung. Der Geldwert wird durch die Farbe und Größe der Plättchen bestimmt. Darüber hinaus gilt die Faustregel: Je kleiner die Muschelstückchen, desto höher werden sie geschätzt. *Rosemarie Schyma*

Espiritu Santo ist die größte Insel von Vanuatu. Das Landschaftsbild entlang der Ostküste prägen Rinderherden unter ausgedehnten Kokospalmplantagen.

Fette Beute in Lenakel auf der Insel Tanna. Schweine waren auf den Inseln Vanuatus früher regelrechte Kultobjekte. Männerbünde und Ahnenkulte bildeten sich um den Besitz des Borstenviehs. Je mehr Schweine ein Mann besaß, desto höher war sein Ansehen.

Auf künstlich aufgeschütteten Inseln leben die Menschen in der Langa Langa-Lagune vor der Nordküste Malaitas (Salomon-Inseln).

Dutzende kleiner Inseln träumen in der Blackett Strait im Archipel von New Georgia auf den Salomonen vor sich hin. Im Zweiten Weltkrieg war die unbewohnte Inselgruppe ein Schauplatz erbitterter Kämpfe.

WUNDERWELT IM TROPENMEER

Ausflüge unter Wasser

1

Die Inseln der Südsee mit ihren seichten Lagunen, großartigen Riffen und filigranen Korallenbänken sind ein Dorado für Taucher. Oft nur wenige Schritte vom Hotel entfernt tut sich selbst für Anfänger eine überwältigende Wunderwelt von Farben und Formen auf. Im warmen klaren Wasser zum Greifen nah tummeln sich Schwärme tropischer Fische, Seesterne, Krebse und Schalentiere.

Anders als auf den großen Kontinenten konnten sich auf den im Pazifik isolierten Inseln nicht viele Tier- und Pflanzenarten entwickeln und verbreiten. Unter Wasser dagegen hat die Natur eine unübersehbare Vielfalt an Lebewesen geschaffen. Und alle hängen in irgendeiner Weise von winzigen Kreaturen ab: den Korallenpolypen. Sie leben vom Sonnenlicht und vom Meeresplankton, bauen sich ihre Behausungen aus Kalk und siedeln in Kolonien unter Wasser. Myriaden von Polypen haben so in jahrtausendelanger Kleinarbeit Schicht um Schicht die Korallengärten und Riffe geschaffen, die heute die Südseeinseln umgeben. Und sie bilden die Lebensgrundlage für die Vielfalt von Meerestieren, die es heute noch im Pazifik gibt. Während in den tropischen Meeresregionen Asiens, der Karibik und des Nahen Ostens schon rund 70 Prozent der Korallen durch Umwelteinflüsse zerstört oder stark bedroht sind, blieben sie in der dünnbesiedelten Weite des Pazifischen Ozeans noch zum größten Teil fast unversehrt.

Die vielfältige und nahezu unversehrte Unterwasserwelt gehört deshalb zu den

2

größten Attraktionen, die die Südsee zu bieten hat. Dabei muß man nicht unbedingt den Tauchschein besitzen, um das Abenteuer unter Wasser zu genießen. Denn die meisten Korallen und die sie umgebende Meeresfauna gedeihen in geringer Wassertiefe und können mit einfacher Schnorchelausrüstung erkundet werden. Die meisten Hotelanlagen der Südsee verleihen Schnorchelgerät an ihre Gäste, oft sogar kostenlos. Und wer dann etwas mehr Mut gefaßt hat, kann in einem Schnupperlehrgang das Flaschentauchen probieren.

Schon am Riff vor dem Inselhotel tut sich für Schnorchelnovizen ein wahres Panoptikum an Unterwasserleben auf. Kleine Fische in allen Regenbogenfarben umschwärmen die Korallen, die selbst in höchst vielfältiger Form und Farbe auftreten. Wer näher hinsieht, findet zwischen den Korallenstöcken Muscheln, Krebse und andere Krustentiere versteckt. Auf sandigem Grund gedeihen alle Arten von Seesternen und Seegurken. Wer sich an steil abfallenden Riffen etwas tiefer hinunterwagt, bekommt auch die größeren Räuber zu sehen, die von den kleinen Korallenfischen leben: Schwärme von silbrig glänzenden Barrakudas zum Beispiel oder die gesprenkelten Grouper, die als Einzelgänger jagen. Und natürlich ab und an ein lässig am Riff patrouillierender Hai. Ihr Revier ist dort, wo das seichte Gewässer der Lagune aufhört und das offene Meer beginnt. Sie verdienen respektvollen Abstand, aber trotz aller Horrorfilme sind die meisten Riffhaie nicht aggressiv.

Sporttaucher müssen sich ohnehin an die Allgegenwart von Haien gewöhnen, die wie andere Großfische die etwas tieferen Reviere am Riff so um die 15 bis 30 Meter bevorzugen. Dort gleiten auch Mantas mit majestätischem Flügelschlag vorbei. Oder ein Schwarm mächtiger Napoleonfische, die sich in manchen Regionen so an die Taucher gewöhnt haben, daß sie zum Anfassen nahe kommen. Wer einmal in der Südsee den Kopf unter Wasser ge-

3

1 *Schnorchelparadies Yasawa-Inseln.* – 2 *Artenvielfalt am Korallenriff.* – 3 *Ein Stachelrochen ist kein ungefährlicher Spielkamerad.*

steckt hat, wird nicht mehr loskommen von diesem Abenteuer. Schnorcheln und Tauchen gehören zu den Sportarten, die dem Menschen die Vielfalt und Schönheit der Natur greifbar nahebringen – und das Bewußtsein um ihre Bedrohtheit. Das sogenannte Eco-Diving wird deshalb großgeschrieben in den Tauchrevieren der Südsee. Gemeint ist damit der schonende Umgang mit der Unterwasserwelt. Korallen sollen möglichst nicht beschädigt und schon gar nicht als Souvenir mitgenommen werden, Speerfischen ist verpönt.

Obwohl fast alle Inseln der Südsee von Korallen umgeben sind, haben sich unter Tauchern einige Top-Reviere herumgesprochen, die besonders vielfältig sind. Dazu gehören in Fidschi vor allem die Regionen um die Inseln Taveuni, Vanua Levu und Kadavu; im Königreich Tonga die Inselgruppen Ha'apai und Vava'u, in Französisch-Polynesien die Atolle der Tuamotus und im westlichen Pazifik schließlich Vanuatu und die Salomon-Inseln.

Ulrich Weissbach

heute weitgehend verwischt. Nur in Samoa, mit dem die deutschen Kolonialherren eine besonders innige Beziehung eingingen, ist die Erinnerung noch wach.

Nach langjähriger innenpolitischer Stabilität werden die Südseestaaten seit einigen Jahren von leichten sozialen Beben erschüttert. In Fidschi führten Rassenprobleme zwischen Ureinwohnern und eingewanderten Indern 1987 zum ersten, allerdings unblutigen, Militärputsch in der Geschichte der Südsee. In Französisch-Polynesien eskalierte der Widerstand einheimischer Oppositionsgruppen gegen die französische

Hörner und Eberzähne sowie ein Penisköcher aus einer Melonenfrucht bilden Kleidung und Putz dieses Mannes vom Duna-Stamm auf Papua-Neuguinea.

Verwaltung zu gewalttätigen Ausschreitungen. Im Königreich Tonga regt sich Widerstand im Volk gegen den jahrhundertelangen Führungsanspruch der Aristokratie. Überall gehen die althergebrachten Machtstrukturen, vor allem die Häuptlingshierarchien, einem unaufhaltsamen Auflösungsprozeß entgegen.

Wirtschaftlich leiden alle Südseestaaten unter einer sehr negativen Handelsbilanz und mangels ökonomischer Perspektiven auch unter Abwanderungsproblemen. Fast die Hälfte der ehemaligen Bevölkerung von Samoa und Tonga zum Beispiel ist nach Neuseeland, Australien oder in die USA ausgewandert. Ohne die Überweisungen der Gastarbeiter an ihre zurückgebliebenen Familien in der Heimat sähe es trübe um deren Existenz aus. Entwicklungshilfe ist eine Haupteinnahmequelle der Ministaaten. Waren lange Zeit Australien, Neuseeland und die USA die wichtigsten Geldgeber, treten seit einigen Jahren auch asiatische Sponsoren zunehmend in den Vordergrund.

Die ehemals florierende Plantagenwirtschaft liegt überall in der Südsee darnieder. Kopra, das Produkt der Kokospalmen, wird heute in Asien und Mittelamerika weit billiger produziert. Zuckerrohr wird nur noch in Fidschi rentabel angebaut. Der Export von Früchten leidet unter den langen Transportwegen. Das größte Potential, den noch bestehenden Fischreichtum im Pazifik, können die kleinen Inselstaaten selbst nicht nutzen. Zwar stehen ihnen innerhalb der 200-Meilen-Wirtschaftszone riesige Wasserflächen zur Verfügung. Diese aber werden von hochtechnisierten asiatischen Fangflotten ausgebeutet. Die dafür gezahlten Lizenzgebühren, wenn sie bezahlt werden, sind nur ein Almosen. Bleibt der Tourismus als wirtschaftliche Hoffnung. In Fidschi ist er schon zur ersten Einnahmequelle aufgestiegen, und auch in den anderen Staaten wird er immer wichtiger. Von einem Massentourismus wie in der Karibik oder Hawaii sind die Südseeinseln aber noch weit entfernt und werden es hoffentlich auch weiterhin in der Zukunft bleiben.

DER MYTHOS LEBT WEITER

Was bleibt vom Mythos Südsee? Die eingangs geschilderte Tanzszene sollte klarmachen, worum es geht: Von Anfang an war die Südseekultur eher immateriell. Sie hat keine eindrucksvollen Bauwerke hervorgebracht, keine bahnbrechenden wissenschaftlichen Entdeckungen, keine Literatur und keine bleibenden Kunstwerke. Ihre Ausdrucksmittel beschränken sich auf Tänze, mündlich überlieferte Gesänge und Legenden. Ihr größtes Kapital sind ihre Menschen. Der amerikanische Schriftsteller James Michener, der viele Südseegeschichten gesammelt und nacherzählt hat, bekennt im Vorwort zu seinem Buch «Das gute Leben»: «Wann immer ich auch anfange, von der Südsee zu sprechen, kommen mir die Menschen dazwischen.» Grüne Berge, weiße Strände und blaue Lagunen gibt es auch anderswo, eine paradiesische Landschaft allein macht noch keinen Mythos. Aber die Menschen. Auf unerklärliche Weise wecken die Bewohner der Südsee in uns immer noch eine Ahnung von einem einfachen, besseren Leben, zu dem es kein Zurück mehr gibt. In sie projizieren wir das hinein, was wir selbst gern wären: frei und sorgenlos. Dabei wird die Sehnsucht nach der Südsee um so stärker, je komplizierter sich unsere Lebensverhältnisse gestalten. Keine Sorge also: Der Mythos Südsee ist noch lange nicht tot.

Ein Mädchen der Daroa Komana mit dem traditionellen Kopfschmuck aus leuchtendbunten Vogelfedern. Auf dem Southern and Highlands Regional Festival in Port Moresby präsentieren sich die Bergstämme auf Papua-Neuguinea in ihrer traditionellen Festkleidung.

Die Masken des Asaro-Stammes auf Papua-Neuguinea werden aus Bananenwurzeln und Schlamm hergestellt und sind bis zu 15 Kilo schwer.

INHALT

One Foot Island bildet einen Teil des Korallenatolls um die Lagune von Aitutaki auf den Cook-Inseln. Der Name der Insel ist abgeleitet von einer überlieferten Geschichte. In den Fußstapfen seines Vaters, der sich den Verfolgern opferte, erreichte ein Eingeborener eine Palme, in der er sich vor den Feinden verbarg und so als einziger überlebte.

ALLGEMEINE INFORMATIONEN

GEOGRAPHIE. Die Inselgruppen und Inseln zwischen Südostasien, Australien, den Philippinen und dem Amerikanischen Kontinent werden unter der Bezeichnung Pazifische Inseln, Südsee oder Ozeanien zusammengefaßt. Der riesige Pazifik, auch Stiller oder Großer Ozean genannt, bedeckt mehr als ein Drittel der Erdoberfläche, insgesamt fast 180 Millionen Quadratkilometer. Die durchschnittliche Tiefe dieses größten Weltmeeres beträgt 4200 Meter, der Kermadec-Tonga-Graben mit über 10 800 Meter und der Marianen-Graben mit mehr als 11 000 Meter sind die tiefsten Einschnitte in der Erdkugel.

In dieser ungeheuren Wassermasse, von der Beringstraße im Norden bis zur Antarktis im Süden, liegen weit verstreut Zehntausende von größeren, kleinen und kleinsten Vulkanspitzen, Atollen und Riffen. Zählt man Neuseeland und Neuguinea sowie Hawaii nicht hinzu, so bedecken alle melanesischen, polynesischen und mikronesischen Archipele zusammen mit rund 95 000 Quadratkilometern nur 0,55 Prozent der Oberfläche des Pazifik.

MELANESIEN, MIKRONESIEN UND POLYNESIEN. Nach geographischen, mit Einschränkungen aber auch ethnischen und kulturellen Gesichtspunkten gliedert sich dieser Inselkosmos in drei große Regionen, deren Bezeichnungen aus dem griechischen abgeleitet sind.

Im Meeresgebiet nördlich des Äquators und östlich der Philippinen liegt *Mikronesien*, die «Kleinen Inseln». Der Name ist aus den griechischen Wörtern «micros», klein, und «nesos», Insel, zusammengesetzt. Es umfaßt rund 2100 Inseln mit einer Fläche von zusammen nur 2000 Quadratkilometern. Von West nach Ost sind dies die zum Teil noch unter amerikanischer Verwaltung stehenden, zum Teil unabhängigen Archipele von Belau, der Föderierten Staaten von Mikronesien (Karolinen), Guam, der Marianen und der Marshall-Inseln, der Insel Nauru und Kiribati (Gilbert- und Phoenix-Inseln). Der Ursprung der hellhäutigeren und stärker asiatisch geprägten Mikronesier wird im taiwanesischen Raum vermutet.

Nördlich von Australien erstreckt sich *Melanesien*, die «Schwarzen Inseln», abgeleitet vom griechischen «melas», schwarz, wegen der dunkelhäutigen Bewohner. Es umfaßt den Inselbogen vom Bismarck-Archipel über die Salomonen, die Santa Cruz-Inseln, Vanuatu, das früher Neue Hebriden genannt wurde, und Neukaledonien. Nach anthropologischen und ethnologischen Kriterien wird auch Papua-Neuguinea zu Melanesien gerechnet. Dieser Teil der Südsee galt lange Zeit wegen der oft abgeschiedenen Kulturen und dem verbreiteten Kannibalismus als abenteuerliche und wilde Gegend.

Die Fidschi-Gruppe im äußersten Osten bildet ein Übergangsgebiet zu *Polynesien*, als «Viele Inseln» zu übersetzen, das alle Inseln und Inselgruppen innerhalb des großen Seedreiecks zwischen Hawaii, Neuseeland und der Osterinsel einschließt. Dieser flächenmäßig größte Kulturkreis Ozeaniens mit mehreren Tausend weit verstreuten Inseln von insgesamt nur 26 000 Quadratkilometern Fläche reicht von Tonga, Samoa und Tokelau über die Cook-Inseln und Französisch-Polynesien bis Pitcairn und zur Osterinsel im Osten. Die großgewachsenen hellhäutigen Polynesier sind in Sprache und Kultur eng verwandt, was sich aus der gemeinsamen Geschichte der Besiedelung aus dem Raum um Tonga und Samoa erklärt.

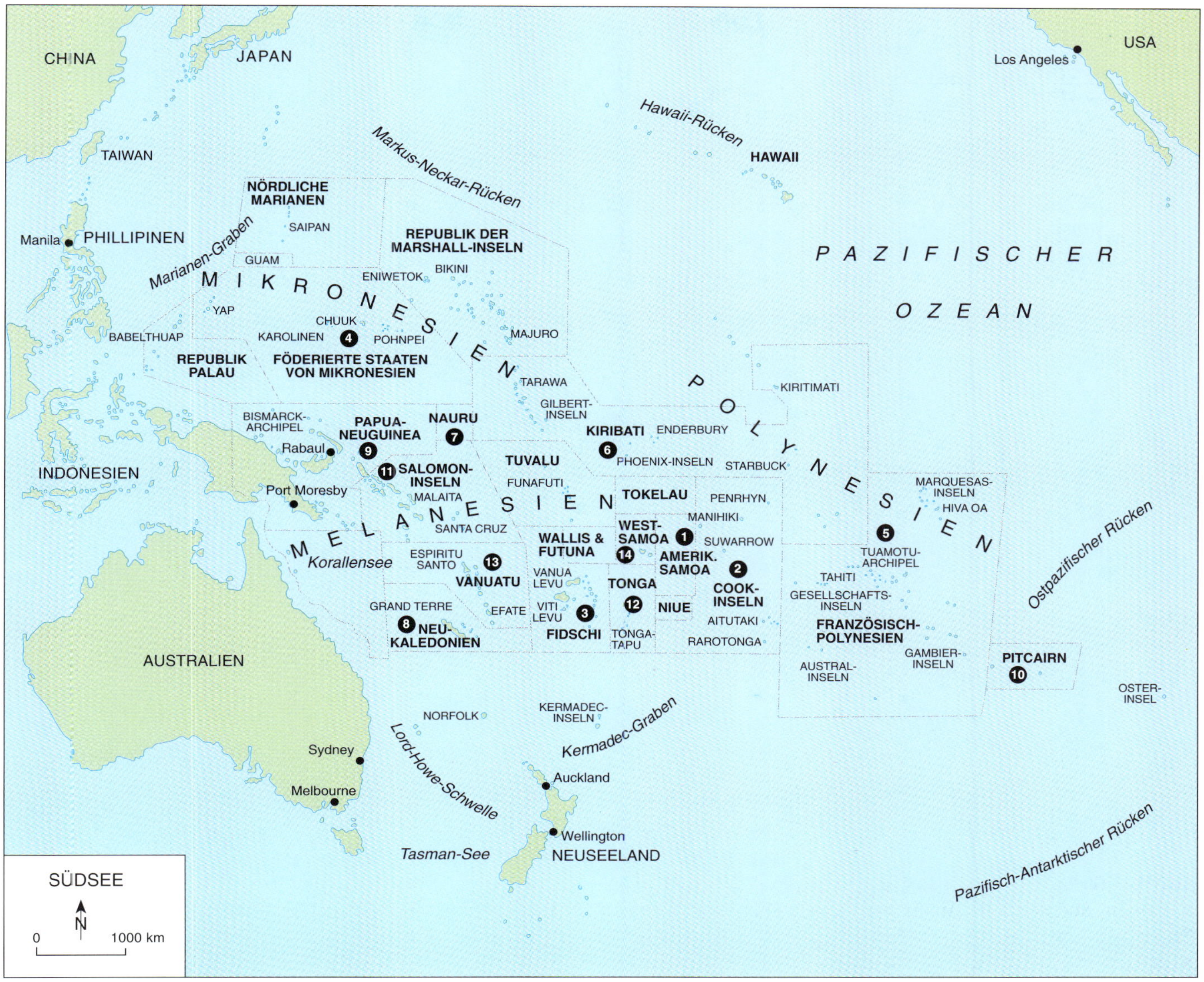

Die Geistermasken der Asaro in den Eastern Highlands von Papua-Neuguinea haben ungeahnt vielseitige Kräfte. Früher dienten sie dazu, Feinde zu erschrecken, heute locken sie Touristen an und bringen so manchen schnellen Dollar ins Dorf.

TIER- UND PFLANZENWELT. Verglichen mit dem ungeheuren Reichtum auf den fünf Kontinenten sind sowohl die Flora als auch die Fauna verhältnismäßig artenarm. Bereits vor der menschlichen Besiedlung hat sich eine Reihe von heimischen Vogelarten, Reptilien und Insekten entwickelt. Grundsätzlich nimmt jedoch ihre Zahl von Westen nach Osten ab. Sieht man von Neuguinea und dem Bismarck-Archipel einmal ab, hat es ursprünglich keine Säugetiere gegeben. Erst die vorgeschichtlichen Seefahrer brachten Schweine, Hühner, Hunde und Ratten mit, die sich im Lauf der Jahrhunderte auf den Inseln ausbreiteten. Noch später führten die Europäer auch Pferde, Rinder, Ziegen und Schafe ein.

Für die Vegetation spielt die jeweilige Bodenbeschaffenheit eine entscheidende Rolle. So gedeihen auf flachen, kargen

WIE DIE ATOLLE ENTSTANDEN

Blaue Lagunen im Schutz palmengesäumter Brandungsringe sind zum Symbol der Südsee geworden. Zu Tausenden gibt es sie im Pazifik. Die Theorie über ihre Entstehung geht auf den Naturforscher Charles Darwin zurück. Danach türmten sich im Lauf der Erdgeschichte entlang der tektonischen Bruchlinien der pazifischen Platte Vulkane auf, an deren Rändern sich mächtige *Saumriffe* bildeten (Abb. 1). Diese verdanken ihre Existenz miskroskopisch kleinen Lebewesen, den Korallenpolypen, die zum Bau ihrer winzigen Gehäuse dem tropisch warmen Meereswasser in Tiefen

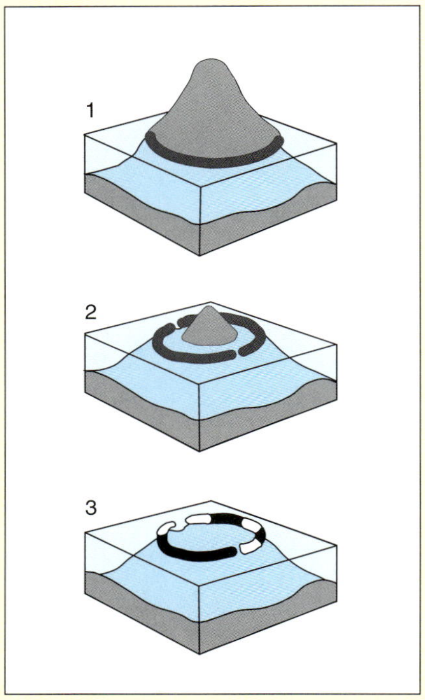

bis zu 50 Meter Kalk entziehen. Wenn der zentrale Teil einer Vulkaninsel in Jahrtausenden durch Absenkung des Untergrunds langsam wieder unter den Wasserspiegel eintaucht, wachsen die Korallen weiter dem Sonnenlicht entgegen. So verwandelt sich der Kalkgürtel allmählich in ein *Barriere-Riff* um eine Lagune, aus der zunächst noch die Spitze des Bergkegels herausragt (Abb. 2). Bei weiterem Absinken des Gesteinssockels bleibt schließlich nur noch das ringförmige Atoll an der Meeresoberfläche sichtbar (Abb. 3).

und niederschlagsarmen Korallen- oder Atollinseln meist nur wenige, besonders angepaßte Pflanzenarten. Nur die Kokospalme hat dank ihrer besonderen Eigenschaften den gesamten pazifischen Raum erobert. Auf hohen Inseln vulkanischen

Links: Der zehn bis 15 Meter hohe Flammenbaum (delonix regia) mit seinen feuerroten Blüten gehört zur Familie der Johannisbrotgewächse.

Ursprungs mit einer Humusschicht findet man auch ein üppiges und relativ vielfältiges Tropengrün mit erdgeschichtlich uralten Moosen, Flechten, Farnen, Orchideen und immergrünen Baumarten. Die meisten der heute verbreiteten Nutzpflanzen, wie Taro, Yams und Maniok (siehe Seite 66), wurden erst im Lauf der menschlichen Besiedlung heimisch.

KLIMA UND BESTE REISEZEIT. In den äquatornahen Südseeregionen herrscht das ganze Jahr über ein feuchtheißes Tropenklima. Die Durchschnittstemperaturen liegen hier zwischen 26° und 34° Celsius auf den weiter vom Äquator entfernten Inseln zwischen 21° und 29° Celsius.
Die Niederschlagsmengen sind wesentlich höher als in Mitteleuropa. Auch in den sogenannten regenarmen Monaten kann es mitunter tagelang regnen. Die günstigste Reisezeit nördlich des Äquators ist im allgemeinen die Periode zwischen November und März, während die angenehmste Zeit südlich des Äquators zwischen April und Oktober liegt. Während der anderen Monate muß man mit Wirbelstürmen rechnen. Da die Inseln einer starken Sonneneinstrahlung ausgesetzt sind, ist auf eine gute Sonnenbrille sowie bei Sonnenschutzprodukten auf hohen UVA- und UVB-Schutzfaktor zu achten.

BEVÖLKERUNG UND SPRACHEN. Läßt man Neuseeland und Hawaii beiseite, leben auf allen Pazifikinseln zusammen nur rund fünf Millionen Menschen, davon rund vier Millionen allein auf Papua-Neuguinea. Die Inseln Polynesiens und Mikronesiens weisen allgemein eine sehr viel höhere Bevölkerungsdichte auf als diejenigen Melanesiens.

Es gibt Tausende von unterschiedlichen Sprachen und Dialekten. Allein auf Papua-Neuguinea existieren mehr als 860 Lokalsprachen, und auf den rund achtzig Inseln Vanuatus werden mehr als 115 verschiedene melanesische Zungen gesprochen. Als Amts- bzw. Verkehrsverständigungsmittel fungieren in der Regel die Sprachen der ehemaligen oder der noch amtierenden Kolonialmächte. Neben Englisch bzw. Französisch ist darüber hinaus in Papua-Neuguinea das sogenannte Pidgin-Englisch als »lingua franca« weit verbreitet. In Vanuatu ist auch das Bislama ein verbreitetes Kommunikationsmittel.

POLITISCHE STRUKTUREN. Im Jahr 1962 erlangte West-Samoa als erstes Land im Pazifik die politische Unabhängigkeit. Die

Dacherneuerung auf Neukaledonien. Jeweils nach vier bis fünf Jahren müssen die spröde gewordenen Palmenblätter ausgewechselt werden.

Im Nordwesten von Viti Levu, der größten Insel von Fidschi, erstrecken sich ausgedehnte Zuckerrohrplantagen. Im 19. Jahrhundert wurden sie angelegt und von indischen Kulis bewirtschaftet.

Mehrzahl der kleinen Inselstaaten erreichte ihre politische Souveränität sogar erst in den siebziger Jahren. So wurden beispielsweise Fidschi 1970, Papua-Neuguinea 1975 und die Salomon-Inseln erst 1978 unabhängig. Kiribati erlangte die volle Souveränität 1979. In der Regel sind die jungen pazifischen Staaten keine historisch gewachsenen Nationen, sondern geographische «Einheiten», die in der Kolonialzeit entstanden sind. Das Verfassungsmodell ist häufig ein mehr oder weniger gelungener Kompromiß zwischen westlicher Demokratievorstellung und der jeweiligen traditionellen Herrschaftsform. Häufig ist der Chef der Regierungspartei ein traditioneller Herrscher.

Der Entkolonialisierungsprozeß ist zum gegenwärtigen Zeitpunkt noch längst nicht abgeschlossen. Ungeachtet der seit vielen Jahren vorgetragenen Forderungen nach Unabhängigkeit halten die USA und insbesondere Frankreich aus militärstrategischen Gründen weiterhin an der Kontrolle ihrer Territorien im Pazifik fest.

WIRTSCHAFT. Auch nach der Entlassung in die Unabhängigkeit sind fast alle Pazifikstaaten ökonomisch vom Ausland, vor allem von ihren ehemaligen Kolonialmächten, abhängig geblieben. Abgesehen von wenigen Ausnahmen verfügt keines der Länder über Industrien oder abbaubare Bodenschätze. Ihre zumeist leichtverderblichen landwirtschaftlichen Produkte sind angesichts der hohen Transportkosten, die bei den extremen Entfernungen sowohl zwischen den einzelnen Inselgruppen als auch zu den Industriestaaten anfallen, nur schwer zu vermarkten. Den Fischreichtum, die einzige Ressource, die die Inselstaaten im Überfluß besitzen, können sie wegen zu kleiner Fischereiboote und kaum vorhandener Kühlhäuser ebenfalls nicht gewinnbringend für sich nutzen. Die Vergabe von Fanglizenzen an Taiwan, Japan und Südkorea ist in der Praxis eine äußerst problematische Einnahmequelle. Die Einhaltung der Fangquoten können nicht kontrolliert und die Folgen der zwar weltweit verbotenen, aber dennoch praktizierten, hochtechnisierten Treibnetzfischerei nicht unterbunden werden. Auslandsüberweisungen von Arbeitsmigranten sind häufig die wichtigsten Devisenbringer. Die meisten Pazifikstaaten sehen in den wachsenden Einnahmen aus dem Tourismusgeschäft eine Chance für die Zukunft, um zumindest teilweise aus den roten Zahlen ihrer Handelsbilanzen zu kommen.

Sie ist ein Symbol der weltweiten Proteste gegen die französischen Atomtests auf Mururoa: die «Rainbow Warrior II» der Umweltorganisation «Greenpeace» im Hafen von Suva (Fidschi).

Nach ausgiebigen Regenfällen stehen die Kape-Pflanzen, eine Art des Taro auf Tonga, üppig grün im Saft.

Bananenernte auf West-Samoa. Die großen Stauden werden bis zu sechs Meter hoch.

AUSKUNFT

IN DEUTSCHSPRACHIGEN LÄNDERN: Tourism Council of the South Pacific (TCSP), Dircksenstr. 40, 10178 Berlin, Tel. 030 / 23 81 76 28, Fax 030 / 23 81 76 41.
Pazifik-Informationsstelle, Hauptstr. 2, 91564 Neuendettelsau, Tel. 09 74 / 92 99.

IM PAZIFIK: Tourism Council of the South Pacific (Hauptsitz), 25 Gorrie Street, P.O. Box 13119 Suva, Fidschi, Tel. 679 / 30 41 77, Fax 679 / 30 19 95. Darüber hinaus bestehen in den einzelnen Inselstaaten nationale Fremdenverkehrsbüros, die gern weitere Informationen zur Verfügung stellen. Die jeweiligen Telefonnummern und Anschriften erhalten Sie beim TCSP.

ANREISE – EINREISEBESTIMMUNGEN

Da sich die polynesischen Inseln von uns aus gesehen auf der anderen Seite des Erdballs befinden, ist es gleich, ob Sie eine Flugroute über USA/Kanada oder über Asien wählen, in beiden Fällen dauert die Reise mindestens zwanzig Flugstunden. Verschiedene Fluggesellschaften bieten zu günstigen Sondertarifen «Rund-um-die-Welt-Tickets» an, die man dann nach dem Baukastenprinzip mit regionalen Sondertarifen anderer Fluglinien vor Ort kombinieren kann. Nach Ost-Poly-

STRAHLENDER SÜDPAZIFIK

Auf den Tuamotu-Atollen *Mururoa* und *Fangataufa* führte Frankreich seit 1966 Atomversuche durch. Seit 1975 beschränkte man sich zwar auf unterirdische Explosionen, aber auch deren langfristige Folgen sind nicht abschätzbar. Unter weltweit heftigsten Protesten hatte Frankreich noch vor kurzem sechs Tests durchgeführt, bis es Ende März 1996, zwei Monate nach deren Einstellung, gemeinsam mit den USA und Großbritannien das Rarotonga-Abkommen unterzeichnete. Dieses 1995 von pazifischen Inselstaaten, Australien und Neuseeland geschlossene Vertragswerk untersagt Tests, die Lagerung sowie die Stationierung von Atomwaffen im Südpazifik. Die Menschen auf den benachbarten Inseln, die jahrzehntelang den Atombombenversuchen der Großmächte ausgesetzt waren, werden aber noch lange an den Folgen der Freisetzung von Radioaktivität zu tragen haben. Unabhängige Messungen oder Krankheitsstatistiken wurden von Frankreich bisher nicht zugelassen. In der Bevölkerung umliegender Inseln soll die Krebsrate jedoch deutlich gestiegen sein. Geologen befürchten, daß die Atolle eines Tages auseinanderbrechen könnten, wodurch große Mengen radioaktiver Stoffe freigesetzt werden würden.

Das deutsche Honorarkonsulat in der Hauptstadt von Tonga.

KOKOSPALMEN UND KNOLLENFRÜCHTE

Nutzpflanzen der Südsee

1

Verhältnismäßig wenige Kulturpflanzen, meist von den Seefahrern der Vorzeit mitgebracht, haben auf den pazifischen Inseln Fuß gefaßt. Von Ost nach West nimmt ihre Vielfalt ab. Eine der erstaunlichsten Naturschöpfungen ist die Kokospalme. Nach mehr als hundert Tagen im Salzwasser kann ihre Nuß noch auf fast sterilen Böden treiben. Sie bereitete den Boden vor für die Besiedlung durch den Menschen.

Auf den meisten der kleinen, dem Touristen so malerisch erscheinenden Inseln Ozeaniens bestehen die kultivierbaren Böden vorwiegend nur aus Sand und Korallenkalk. Die einzige Pflanze, die unter diesen extremen Bedingungen überall gut wächst, ist die *Kokospalme* (Cocos nucifera). Da die schwimmfähigen Nüsse nahezu vier Monate keimfähig bleiben und dabei bis zu 3000 Seemeilen zurücklegen können, hat diese Palmenart die pazifischen Inseln überhaupt erst bewohnbar gemacht. Es gehört mit zu den beeindruckendsten historischen menschlichen Leistungen überhaupt, daß die Neuankömmlinge auf kleinen Atollinseln hier vollständige materielle Kulturen oft auf der Grundlage nur dieser einzigen Ressource, eben der Kokospalme, aufgebaut haben. Die Kokosnuß ist bis heute als Nahrungsmittel der wichtigste Fett- und Eiweißlieferant geblieben. Ihr Saft wird als erfrischendes Getränk genossen, Stämme und Blätter sind die traditionellen Werkstoffe für Hüttenbau und Handwerk. Aus den Blättern und Rippen der Palmwedel werden Körbe, Matten und Hüte geflochten, Bürsten und Besen gefertigt. Selbst die Schalen und der Bast der Nüsse werden noch als Schnitzmaterial, zur Herstellung von Tauen und als Brennstoff genutzt. Es gibt nichts, was nicht verwertet wird.

Die meisten anderen Kulturpflanzen wurden von den prähistorischen Seefahrern und Siedlern aus Asien eingeführt. Mit den Menschen kamen, wo immer der Anbau erfolgreich war, mitgebrachte stärke-, zucker- und proteinhaltige Wurzelknollen zahlreicher Arten des Taro (*Colocasia esculenta, Alocasia macrorhiza* und *Cyrtosperma chamissonis*), Yams *(Dioscorea)* sowie die Süßkartoffel *(Ipomoea batatas)* und Maniok *(Manihot esculenta)*, auch Kassava oder Tapioka genannt, auf die Inseln. Sie gehören bis heute zu den wichtigsten Grundnahrungsmitteln im pazifischen Raum. Bei den zur Familie der Aronstabgewächse gehörenden Taro-Arten dienen zusätzlich die jungen Blätter, gekocht, als Gemüse. Die Früchte des Pandanusbaums *(Pandanus tectorius)* können auch roh gegessen werden, zumeist werden sie aber zu einer haltbaren Speise weiterverarbeitet. Darüber hinaus werden die Blätter dieser auch Schraubenpalme genannten Pflanze zur Herstellung von Matten, Körben und zur Abdeckung von Häusern verwendet.

In einigen sumpfigen Flachlandregionen Neuguineas bildet das stärkehaltige, süßlich schmeckende Mark verschiedener Arten der Sagopalme *(Metroxylon)* die wichtigste Hauptnahrung.

Besonders wichtig für Bewohner von Atollinseln sind die stärke- und proteinhaltigen Früchte des Brotfruchtbaums *(Artocarpus)* und seiner Unterarten. Aus ihnen werden in vielen Gegenden des Pazifiks Breispeisen und luftgetrocknete Dauerwaren hergestellt.

Vor allem in Samoa, Tonga, aber auch in Fidschi wird aus den Wurzeln und den unterirdischen Sproßteilen der Kawapflanze *(Piper methysticum)* ein Zeremonialgetränk und Genußmittel hergestellt. Wegen seiner beruhigenden, krampflösenden und schmerzlindernden Eigenschaften wird Kawa auch für medizinische Zwecke eingesetzt. Betel, ein aus dem Nußkern der Betelpalme *(Areca catechu)*, den Blättern oder Knospen des Betelpfeffers *(Piper betle)* und Kalkpulver zusammengesetztes Genußmittel, enthält anregende Alkaloide. Das Betelkauen, bei dem Speichel und Zunge rot gefärbt werden, führt bei mangelnder Reinigung auf Dauer zu einer dunklen Zahnverfärbung. *Rosemarie Schyma*

2

3

4

1 *Noch nach Tausenden von Seemeilen keimt die Kokosnuß. Wenn die Wellen sie irgendwo an Land spülen, schlägt sie selbst auf fast sterilem Sand Wurzeln.* – 2 *Taroblätter geben ein schmackhaftes Gemüse, die Knollen werden gekocht.* – 3 *Das Mehl der Maniokwurzeln ist ein Grundnahrungsmittel. Auch als Heilmittel wird die Pflanze genutzt.* – 4 *Die Blätter der Pandanuspalme liefern das biegsame Rohmaterial für vielfältige Flechtarbeiten.*

Die sogenannten Resorts, wie das «Iririki Island Resort» auf Efate in Vanuatu, sind luxuriöse Ferienanlagen, die sich manchmal über ganze Inseln erstrecken. Den Gästen stehen Restaurants, Sportanlagen und Boote für Ausflüge und Zubringerdienste zur Verfügung.

Das exklusive «Turtle Island Resort» liegt auf einem Areal von 200 Hektar auf der Insel Nanuya mitten in den Yasawa-Inseln (Fidschi). Man wohnt hier in komfortablen «Bures» im traditionellen Baustil.

Rechts: Zahlreiche lokale Fluggesellschaften stellen die Verbindung zwischen den verstreuten Inseln der Archipele in der Südsee her. Auf dem Bild eine kleine «Twin Otter» der «Solomon Airlines».

nesien empfiehlt sich der Direktflug über die USA nach Papeete auf Tahiti. Von dort aus erreicht man auch die entfernteren Inseln Französisch-Polynesiens mit einem sogenannten Air-Paß. Nadi, der internationale Flugplatz Fidschis, bietet sich als Drehscheibe für die zentral gelegenen Pazifikinseln an. Nach Mikronesien gelangt man am günstigsten entweder von den USA aus über Hawaii oder über die Flughäfen Südostasiens.

Mit Ausnahme Papua-Neuguineas ist bei einem Aufenthalt bis zu 30 Tagen derzeit in keinem der hier erwähnten Pazifikstaaten ein Visum erforderlich. Bei der Einreise werden ein gültiger Reisepaß, die Vorlage eines unveräußerlichen Weiter- bzw. Rückflugtickets oder einer Schiffspassage und gegebenenfalls ein Nachweis über ausreichende finanzielle Mittel verlangt. Zum Schutz der heimischen Natur verbieten alle Inselstaaten die Einfuhr pflanzlicher und tierischer Produkte.

UNTERWEGS IN DER SÜDSEE

Es gibt ein umfangreiches Streckennetz von privaten und öffentlichen Fluggesellschaften, die das «Inselhüpfen» im Pazifik leicht machen. Im Binnenverkehr bieten lokale Gesellschaften Kurzstreckenflüge mit kleinen Propellermaschinen zu nahezu allen größeren Inseln an.

Wer Zeit hat und einigermaßen seefest ist, kann mit einer der vielen Schiffs- bzw. Fährverbindungen die kleineren Inseln des jeweiligen Landes erkunden. Genauere Informationen erhält man in den jeweiligen Hafenorten.

Auf den meisten Hauptinseln der Südseestaaten verkehren öffentliche Linienbusse, in den seltensten Fällen gibt es allerdings feste Fahrpläne. Diese Busse, oft älteren Baujahres, halten in der Regel bei Bedarf auf freier Strecke.

Auf nahezu allen Pazifikinseln werden von größeren Hotels oder Tourismusunternehmen Ausflüge zu den Sehenswürdigkeiten, Städtefahrten zum Einkaufen, Tagestrips zu vorgelagerten Inseln sowie vielfältige Erlebnistouren angeboten. Auf den touristisch gut erschlossenen Inseln bieten Verleihfirmen Autos, Mopeds sowie Motorroller oder Fahrräder an. Welches Verkehrsmittel man auch benutzt, man sollte in jedem Fall Gelassenheit bewahren. Fidschi-Zeit, Tonga-Zeit usw. sind nicht unbedingt mit der Uhr abmeßbar: Reagieren Sie also mit Gleichmut und Gelassenheit auf Verzögerungen, unvorhersehbare Änderungen und dergleichen, die in der Südsee die Regel sind.

UNTERKUNFT

In den Hochburgen des Tourismus, also in Polynesien und in Teilen Melanesiens, steht den Urlaubern eine breite Palette verschiedenster Unterkünfte zur Auswahl. Sie reichen von luxuriösen Ferienanlagen, sogenannten Resorts, die ganze Inseln einschließen und keine Wünsche offenlassen, bis zu preislich eher moderaten Hotels und Pensionen. Es gibt häufig auch preisgünstige, jugendherbergsähnliche Übernachtungsmöglichkeiten mit Schlafsaal und Gemeinschaftsduschen.

ALTE UND NEUE ODER GAR KEINE KLEIDER

Vor der Ankunft der Europäer ging die Bevölkerung beiderlei Geschlechts auf einigen Inseln des Pazifiks gänzlich nackt, auf anderen wiederum kannte man nur eine spärliche Schambekleidung, etwa bei Männern eine um die Taille gelegte und zwischen den Beinen hindurchgezogene Binde. In den Gebieten Melanesiens und Polynesiens besteht sie meist aus dem bedruckten Baststoff *tapa*. Er wird aus der Rinde des Papiermaulbeerbaums durch Trocknen, Wässern und Klopfen der Bastschicht zu hauchdünnen Bahnen hergestellt, die später bedruckt oder bemalt werden. Auf vielen mikronesischen Inseln wurden auch fein geflochtene Matten aus Blättern der *Pandanuspalme* verwendet. Aus Pflanzenfasern gefertigte Schurze waren in vielen Teilen Ozeaniens typisch für Frauen und Mädchen. Bei einigen Stämmen im Hochland Neuguineas bildeten verschiedenartig geformte sogenannte Penisköcher aus getrockneten Kürbisfrüchten den einzigen Schutz. Eine Bedeckung des Oberkörpers war fast überall unüblich. Darüber hinaus wurden auf den Inseln Ozeaniens aber spezielle Fest- und Standeskleider angefertigt. Die Vielfalt überlieferter Bekleidungsstücke wurde unter dem Einfluß der Missionare und der jeweiligen Kolonialmächte reduziert auf die mittlerweile auf allen pazifischen Inseln von Männern und Frauen getragenen bunten Hüfttücher aus Baumwolle, die je nach Region landessprachlich verschieden als *pareo*, *sulu*, *laplap* oder *lavalava* bezeichnet werden.

GESUNDHEIT

Offiziell gelten für die Pazifikinseln keine besonderen Impfvorschriften. Für einige Länder wie Papua-Neuguinea, die Salomonen und Vanuatu ist aber eine Malaria-Prophylaxe unbedingt zu empfehlen. Für Reisen in Mikronesien ist der Impfschutz gegen Cholera anzuraten. Im gesamten Pazifikraum tritt besonders in der Regenzeit das Dengue-Fieber auf, eine von Mücken übertragene Viruserkrankung. Grundsätzlich gilt bei allen Reisen in die Südsee: auf wirksamen Mückenschutz achten und auch kleinste Wunden versorgen, da sie sich in den Tropen schnell entzünden. Auf den Hauptinseln aller hier erwähnten Pazifikstaaten ist die medizinische Versorgung gut ausgebaut.

BEKLEIDUNG

Bei den tropischen Temperaturen in der Südsee sind leichte und sportliche, möglichst aus Naturmaterialien hergestellte Bekleidung und für die kühleren Nächte sowie als Mückenschutz ein warmer Pullover und lange Hosen oder Röcke empfehlenswert. Aus Rücksicht auf das Schamgefühl der Einheimischen sollte Strandbekleidung nur an hoteleigenen Stränden bzw. am Swimmingpool getragen werden. Abgesehen von den Cook-Inseln und von Tahiti verstößt auch eine zu knappe Oberbekleidung gerade bei Frauen gegen die seit der Missionierung geltenden Anstandsregeln. Zum Schutz vor Verletzungen durch messerscharfes Korallengestein ist beim Baden und vor allem bei Riffwanderungen das Tragen von festen Badeschuhen erforderlich.

ESSEN UND TRINKEN

Größere Hotels bieten ihren Gästen mindestens einmal wöchentlich ein landestypisches Festmahl. Hierzu gehören unter anderem in Bananenblätter gewickeltes und zusammen mit Wurzelgemüse im Erdofen gegartes Fleisch und Fisch. Eine besondere Delikatesse ist vielerorts der rohe und mit Zitronensaft marinierte Fisch in Kokosmilch. Erfrischend ist der Saft einer noch grünen Kokosnuß oder Fruchtsäfte aus teilweise landeseigener Herstellung. Auf einigen Südseeinseln wird *Toddy* getrunken, ein Palmwein, der aus dem vergorenen Saft vom Blütenstand einer Kokospalme gewonnen wird.

Links oben: Blumenparade in Apia in West-Samoa.

Oben: Lianen bremsen den Sturz der Naghol-Springer auf Pentecost kurz vor dem Boden ab.

FESTE UND FEIERN

Neben den jeweiligen Nationalfeiertagen gibt es auf den pazifischen Inseln eine schier unglaubliche Fülle weiterer teils traditioneller, teils mehr touristisch angelegter Feste. Berühmt sind das *Naghol*, die Urform des »Bungee-Jumping«, auf Vanuatu oder das *Heiva i Tahiti*. Während

Oben: In den Gewässern der Südsee lebt eine Reihe äußerst giftiger Meerestiere. Der Steinfisch hält sich, bis zur Unkenntlichkeit getarnt, vorzugsweise auf Geröll- oder Sandgrund im seichten Wasser auf.

Mitte: Port Vila auf der Insel Efate ist das Handels-, Verwaltungs- und Touristikzentrum im Herzen von Vanuatu. Auf dem farbenprächtigen Markt findet man hübsche kunstgewerbliche Handarbeiten, wie diese farbenfrohen Wandbehänge mit Batikmotiven.

Unten: Bis zu 50 Kilo schwer wird der Dogteethed Tuna, eine im Pazifik verbreitete Thunfischart, die wegen ihres zarten Fleisches geschätzt wird.

dieses bedeutendsten Festivals Französisch-Polynesiens, vergleichbar dem Karneval in Rio, findet, umrahmt von einem farbenprächtigen Blumenmeer, eine Vielzahl verschiedenster Veranstaltungen, wie etwa Musik- und Tanzwettbewerbe oder ein Auslegerkanu-Rennen, statt. Ebenso eindrucksvoll sind die Gesangs- und Tanzwettbewerbe auf Tonga und den Cook-Inseln. Daß Blumen eine besondere Rolle für die Menschen in der Südsee spielen, wird besonders beim *Tiare Festival*, der «Woche der Blüten», auf Rarotonga deutlich, bei dem die schönsten Blumenkränze und -gestecke prämiert werden. All diese Feierlichkeiten und Veranstaltungen bieten ausgezeichnete Möglichkeiten, mehr über das Leben der Einheimischen zu erfahren.

SPORTLICHE AKTIVITÄTEN

Die Südseeinseln sind ein Dorado für Wassersportenthusiasten: Ob Segeln, Surfen, Schnorcheln oder Hochseefischerei, die Auswahl ist schier unbegrenzt.
Taucher finden hier alles, was das Herz begehrt. Die Artenvielfalt ist überwältigend, und die Sichtverhältnisse unter Wasser werden von Kennern vielerorts als hervorragend eingestuft. Auch in Europa bekannt sind beispielsweise die Korallenriffe Fidschis, so etwa das *Astrolabe Reef* vor der Insel Kadavu, *The Great White Wall* und das *Rainbow Reef* vor Taveuni, oder das *Hakaumama'o Reef* mit seinen unzähligen Papageienfischen vor der Hauptinsel Tongas. Besonders reizvoll sind auch die Tauchgebiete Vanuatus, der Salomonen sowie einiger mikronesischer Inseln. Hier locken nicht nur bizarre Korallenformationen und farbenprächtige Fische, sondern auch Wracks aus dem Zweiten Weltkrieg in die phantastische Unterwasserwelt. Weniger bekannt dürfte allerdings die *Lagune von Madang* an der Nordküste Papua-Neuguineas sein, die zu den schönsten und artenreichsten Korallenriffsystemen der Welt zählt.

Fast alle Resorts und größeren Hotels besitzen eigene Tennisanlagen, manche sogar auch einen Golfplatz. Das gebirgige Landesinnere der größeren Pazifikinseln bietet sich für interessante Wandertouren an. Organisierte Tagesausflüge zu den jeweiligen Sehenswürdigkeiten offerieren die örtlichen Tourismusunternehmen.

EINKAUFEN

Beliebte Souvenirs sind Muschel-, Korallen- und Perlmuttschmuck. Exklusiver sind die seltenen schwarzen Zuchtperlen Französisch-Polynesiens und der Cook-Inseln. Preisgünstiger sind Flechtarbeiten, zumeist Matten, Taschen, Fächer und Körbe, sowie Tapa-Handarbeiten. Vorsicht geboten ist bei Holzschnitzereien, die oft nichts mit traditionellem Kunsthandwerk gemein haben und zudem häufig aus Südostasien importiert werden. Verboten ist die Ausfuhr traditioneller Wertgegenstände und anderer Arbeiten, die aus Materialien der vom Aussterben bedrohten Tiere hergestellt sind. Für Philatelisten sind die Inselstaaten Tonga und Nauru wegen ihrer außergewöhnlichen Briefmarken besonders interessant.

MEISTER DER TARNUNG

Im pazifischen Ozean lebt eine große Anzahl von giftigen Meerestieren. Für den Menschen sogar tödlich ist beispielsweise das Gift der Seeschlange, zweier Arten der Kegelschnecken der Gattung Conus und des Steinfisches (Synanceia verrucosa). Letzterer hält sich meist bewegungslos unter einer dünnen Sandschicht oder zwischen flachem Riffgestein auf und ist aufgrund dieser Tarnung kaum zu erkennen. Die Giftdrüsen dieses bizarr geformten Fisches befinden sich im oberen Teil seiner nach oben gerichteten, bis fünf Zentimeter langen Rückenflossen. Das Tragen von festen Badeschuhen ist der beste Schutz vor einem unachtsamen Tritt auf den zur Familie der Skorpionfische zählenden Meeresbewohner, dessen Gift äußerst schmerzhaft ist und in den meisten Fällen schließlich zum Herzstillstand führt.

FIDSCHI – STRÄNDE UND GEBIRGE

Unter den vielen Inseln der Südsee bietet Fidschi eine besonders reiche Palette von Landschaften und Erholungsmöglichkeiten (siehe auch Seite 73).
Der internationale Flughafen befindet sich bei *Nadi*, einer kleinen Stadt an der Westküste der Hauptinsel *Viti Levu*. Der Ort ist Ausgangspunkt für Kreuzfahrten durch die unzähligen kleinen Eilande der westlich vorgelagerten Inseln der *Yasawa-* und *Mamanuca*-Inselgruppe: ein nicht eben preiswertes, aber traumhaft schönes Vergnügen. Viti Levu selbst bietet sich mit ihren eindrucksvollen Gebirgslandschaften auch für Wanderungen geradezu an. Die Fidschis sind ein Paradies für Windsurfing, Parasailing, Wasserskifahren, Segeln und Hochseefischen. Vor allem aber die spektakulären Tauchgründe entlang der Korallenriffe Fidschis gehören zu den schönsten der Welt und sorgen dafür, daß die Erlebnisskala für Taucher nach oben hin offen ist. Auf den Gebirgsflüssen der Insel werden auch abenteuerliche Wildwassertrips und Kanufahrten angeboten.
Eine etwas beschaulichere Möglichkeit, Fidschi kennenzulernen, ist eine Fahrt entlang der Nordküste Viti Levus. Von Nadi nach *Suva*, der Hauptstadt, führt die 289 Kilometer lange *Kingsroad*. Noch vor *Lautoka* lohnt ein Besuch des *Garden of the Sleeping Giant*, einer herrlichen Orchideensammlung. Nach Lautoka, der zweitgrößten Stadt Fidschis mit der von Königspalmen gesäumten Hauptstraße, führt der Weg vorbei an der *Yaqara Cattle Farm*, der größten Rinderfarm des Landes, nach *Rakiraki*. Für die meisten ist dieses kleine Städtchen nur ein Zwischenstopp auf ihrer Weiterreise zu der reizvollen Insel *Nananu-i-Ra*. Die Kings Road führt nun entlang des herrlichen *Rewa-River*. Unweit der kleinen Stadt *Korovou* an der Ostküste befindet sich *Natovi*, eine Anlegestelle für Boote nach *Ovalau*. Charakteristisch für diese rund 100 Quadratkilometer große Insel ist die zerklüftete Landschaft mit ihren bis auf über 600 Meter ansteigenden Bergen. *Levuka*, die größte Ortschaft, war bis 1882 die Hauptstadt Fidschis. Dieser ruhige, scheinbar über alte Zeiten sinnierende Ort, in dem Gestern und Heute zeitlos verschmelzen, ist etwas für Träumer mit Sinn für Geschichte. Man sollte hier einen mehrtägigen Aufenthalt einlegen. Nur so kann man die vielen Sehenswürdigkeiten ausgiebig erkunden und den kolonialen Charme der alten Hauptstadt genießen. Das «Royal Hotel», das älteste Hotel Fidschis, hat noch etwas vom Zauber der Viktorianischen Zeit bewahrt.
Wer von hier aus nicht sofort zurück möchte auf die recht geschäftige Hauptinsel, sollte noch einen Zwischenstopp auf der kleinen Insel *Naigani*, auch «Mystery Island» genannt, oder auf *Yanuca Lailai* mit dem «Lost Island Resort einplanen, auf der es sich so herrlich «Robinson» spielen läßt.

Oben rechts: Heute sind 48 Prozent der Fidschianer indischer Abstammung. Hinduistische Tempel, wie den Sri Siva Subramaniya-Tempel in Nadi, findet man deshalb in fast allen Städten.

Oben links: Wenn abends die Sonne von Fidschi im Meer versinkt, ist die schönste Zeit für einen romantischen Bootsausflug durch das Inselgewirr der Yasawa-Inseln im Westen von Viti Levu (Fidschi).

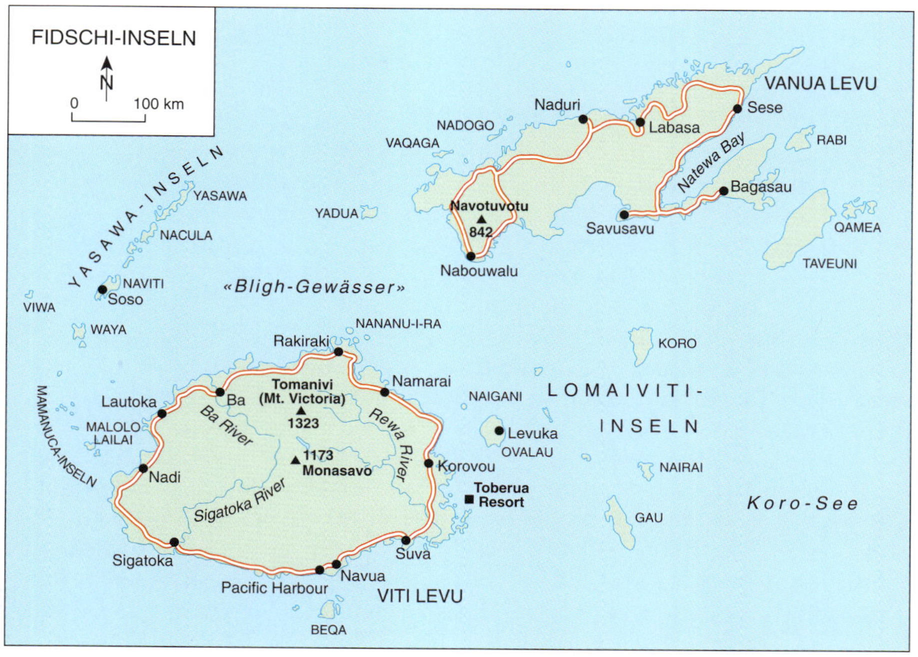

SCHADENSMELDUNG MIT FOLGEN

Wie Fidschi britische Kolonie wurde

Wegen der Sandelholzvorkommen entstanden erst im 19. Jahrhundert europäische und amerikanische Außenposten auf den «Kannibaleninseln». Aufgrund von Schadensersatzforderungen der US-Regierung unter Druck gesetzt, sah sich Häuptling Cakobau gezwungen, 1874 seine Inseln England als Kolonie anzubieten.

Man schreibt das Jahr 1849. Häuptling Cakobau von der kleinen Insel Bau an der Ostküste Viti Levus ist durch Krieg und geschickte Heiratsverbindungen zum mächtigsten Mann in Fidschi geworden. Seit einiger Zeit ist hier John Brown Williams, ein Handelsvertreter, amerikanischer Konsul. Zusammen mit einigen Geschäftspartnern hat er zwei Inseln sowie ein Gebiet an der Mündung des Rewa River erworben. Die ohnehin lächerlichen Beträge hierfür haben sie in Musketen und Munition bezahlt. Amtliche Urkunden über die «Rechtmäßigkeit» des Landbesitzes stellt sich der smarte J. B. Williams in seiner Eigenschaft als Konsul selbst aus – Ordnung muß schließlich sein. Durch einen simplen Betrug, er radiert einfach die Namen seiner Partner aus den Dokumenten, wird er alleiniger Grundbesitzer.

Auf der Insel Nukulau, die der Konsul nun stolz sein eigen nennt, geht es am 4. Juli 1849, dem amerikanischen Unabhängigkeitstag, hoch her. Als bei der Party Kanonen abgefeuert werden, geht das zweistöckige Holzhaus in Flammen auf. Einige Fidschianer bringen Teile der Einrichtung in Sicherheit – und wohl auch in ihren eigenen Besitz. «Plünderung» nennt der Konsul das, meldet den Vorfall an seine Regierung und gibt den Gesamtverlust mit einem phantastischen Betrag von 5000 US$ an.

Als in den folgenden Jahren auch anderen Siedlern Schaden entsteht, entsendet die amerikanische Regierung Kapitän Boutwell nach Fidschi, um die Vorgänge zu untersuchen. Dieser stockt die Schadensersatzforderungen seiner Landsleute großzügig auf, für Williams allein auf 18 000 US$. Zur Begleichung wird Cakobau, mittlerweile selbsternannter Herrscher über Fidschi, verpflichtet. Dieser weigert sich zunächst, doch als der Kapitän droht, ihn nach Amerika mitzunehmen, gibt er klein bei. Er verspricht, die Summe binnen zweier Jahre aufzubringen, zahlt aber dann nicht.

Im Jahr 1855 taucht erneut ein amerikanisches Kriegsschiff mit dem bezeichnenden Namen «Vandalia» vor der Küste auf. Wieder wird Cakobau an Bord zitiert und zur Unterschrift unter einen Schuldschein gezwungen. Die Summe beläuft sich inzwischen auf 45 000 US$. Jetzt erst sieht sich Cakobau genötigt, ernsthaft etwas zu unternehmen. In seiner Not wendet er sich an W. T. Pritchard, den britischen Konsul. Dieser verläßt die Insel wenige Wochen später mit einem Vertragsentwurf im Gepäck, wonach Königin Victoria den Schuldenberg gegen 200 000 Morgen Land übernehmen soll. Doch Victoria zögert, schickt Experten, die die Offerte vor Ort prüfen sollen. Nach vier Jahren Bedenkzeit lehnt sie ab. Die Fidschianer seien noch «Heiden» und somit schwer zu kontrollieren.

Cakobau hat während dieser Jahre eine Atempause. Präsident Lincoln ist mit dem amerikanischen Bürgerkrieg beschäftigt. Nach dem Sieg über die Südstaaten erinnert man sich in Washington wieder an die Außenstände. 1867 erscheint abermals ein US-Kriegsschiff. Die Verzugszinsen werden dem Häuptling erlassen, aber die Hauptsumme wolle man schon haben, wird ihm nachdrücklich erklärt. In einer Depesche an das Außenministerium schreibt der nun amtierende amerikanische Konsul, andernfalls würden einige Inseln versteigert. Irgendwie werde man schon an sein Geld kommen.

In seiner Bedrängnis fragt Cakobau im Jahr 1872 unter anderem auch bei Reichskanzler Bismarck an, ob nicht das Deutsche Reich die Schulden übernehmen wolle. Aber auch hier erhält er eine Absage. 1874 kommt Königin Victoria auf das Jahre zuvor gemachte Angebot zurück. Entnervte Siedler, Briten vor allem, drängen. Man sorgt sich auch, daß andere – die Franzosen gar – Interesse an Fidschi zeigen könnten. Sie greift nun zu, die Abtretungsurkunde wird unterzeichnet und die englische Flagge gehißt. Übrigens bekommt Victoria Fidschi – wie nicht anders zu erwarten – zum Nulltarif, in der Urkunde ist keine Rede mehr von einer Schuldbegleichung. Ein von der Regierung eingesetzter Untersuchungsausschuß stellte nämlich offiziell fest, was eigentlich längst alle wußten: Die Forderungen der Amerikaner waren nicht rechtsgültig, weil man Cakobau seinerzeit unter Androhung von Gewalt zur Unterschrift unter die Schuldscheine gezwungen hatte.

Rosemarie Schyma

Oben: Häuptling Cakobau (gest. 1882) unterwarf alle anderen Stämme und nannte sich auf dem Höhepunkt seiner Herrschaft «Tui Viti», König von Fidschi. – Unten: Eingeborene der Fidschi-Inseln im Jahr 1643. Kupferstich nach einer Zeichnung des Holländers Abel Tasman (1603–1659).

DIE INSELN VON A BIS Z

Ziffern im Kreis verweisen auf die Karte auf Seite 63. Nach dem deutschen Namen steht in Klammern die amtliche internationale, gegebenenfalls auch die offizielle nationale Bezeichnung.

AMERIKANISCH-SAMOA (American Samoa) ①. Dieses externe Territorium der USA besteht aus fünf Hauptinseln vulkanischen Ursprungs, *Tutuila*, *Aunu'u*, der *Manu'a-Gruppe* (Ofu, Olosega, Ta'u) sowie zwei flachen Korallenatollen. Tutuila, mit etwa 140 Quadratkilometern die größte von ihnen, ist mit ihren bis zu 700 Meter steil aufragenden Bergen und

malerisch gelegenen Wasserfällen landschaftlich überaus reizvoll. Hierher zur Hauptstadt *Pago Pago* gelangt man mit recht preisgünstigen inneramerikanischen Flugtickets. Doch hat der »american way of life« längst die traditionelle Lebensweise verdrängt. Eine Fähre verbindet die Insel mit *Apia*, der Hauptstadt des touristisch interessanteren *West-Samoas*. Die Manu'as wurden bei uns vor allem durch die inzwischen hinlänglich widerlegten Thesen der amerikanischen Sozialwissenschaftlerin Margaret Mead bekannt. In ihrem Buch »Kindheit und Jugend in Samoa« zeichnete sie eine Gesellschaft, in der Kinder repressionsfrei und ohne Generationskonflikte aufwuchsen. 60 Jahre später fand Derek Freeman puritanische Sittenstrenge und einen extremen Jungfräulichkeitskult statt freier unverkrampfter Sexualität. Die abseits des Tourismus gelegenen Inseln wurden 1988 zum Nationalpark erklärt.

COOK-INSELN (Cook Islands) ②. Der Archipel in Polynesien besteht aus 15 kleinen Inseln. Mit einer Gesamtfläche von 240 Quadratkilometern liegen sie weit verstreut über ein riesiges Seegebiet, das fast siebenmal größer ist als die Bundesrepublik Deutschland.

Das ideale Verkehrsmittel, um die gerade mal fünfundsechzig Quadratkilometer große Hauptinsel *Rarotonga* mit dem Beinamen »Blumeninsel« kennenzulernen, ist das Fahrrad. Bequemer geht es natürlich mit einem Moped bzw. einem Motorroller. Den hierfür notwendigen Führerschein erhält man in der Polizeistation der Hauptstadt *Avarua*. Neben der etwa dreißig Kilometer langen asphaltierten Küstenstraße verläuft landeinwärts die aus

Korallengestein gebaute, etwa tausend Jahre alte *Ara Metua*. Entlang dieses historischen Weges stehen noch Überreste heiliger Stätten, der *Marae*. Sehr zu empfehlen sind landschaftlich überaus reizvolle Wanderungen durch das Inselinnere mit üppig bewachsenen Vulkanbergen sowie der Besuch des Freilichtmuseums *Culture Village*, das einen ausgezeichneten Einblick in die traditionelle Kultur des Landes gibt. Beeindruckend ist die Ein-Mann-Show des »Königs der Kokosnuß«, Piri Puru III., der seinen Gästen nicht nur Geschichten aus längst vergangenen Tagen erzählt und sie mit einem im Erdofen gegarten Festessen bewirtet, sondern ihnen auch vorführt, mit welch atemberaubender Geschwindigkeit man Kokospalmen erklimmen kann. Auf den Cook-Inseln findet man die sinnlichsten Tänze der Südsee. Vor allem bei dem von einem Paar vorgetragenen *Tamure* steht die erotische Komponente im Vordergrund, die die Missionare von einst so schockierte. Mehrmals täglich werden Flüge von *Rarotonga* auf die 225 Kilometer nördlich gelegene Insel *Aitutaki* angeboten. Allein schon der Blick auf die vielleicht schönste Lagune des Südpazifiks lohnt einen Ausflug auf dieses nur rund zwanzig Quadratkilometer große Eiland mit seinen vorgelagerten *Motu*, den idyllischen, mit Palmen bewachsenen kleinen Koralleninselchen.

Oben: Rarotonga, die größte der Cook-Inseln, ist eine bergige Insel vulkanischen Ursprungs. Die steilen Bergflanken im Inneren sind mit dichtem Regenwald überwachsen und gehen zur Küste hin in einen fruchtbaren ebenen Plantagengürtel über.

Mitte: Durchbohrte große Muscheln wurden auf vielen Südseeinseln als Musikinstrumente verwendet.

Unten: Im Schatten einer Palme läßt sich die Mittagshitze am bequemsten verschlafen. Tapuaetai, eine der unbewohnten kleinen Ringinseln am dreieckigen Außenriff, ist der rechte Platz dafür. Aitutaki mit seiner blauen Lagune gilt als die schönste der Cook-Inseln.

REPUBLIK FIDSCHI (Republic of Fiji/Matanitu Ko Viti; siehe auch S. 70) ③. Dieser seit 1970 unabhängige Inselstaat im Grenzbereich zwischen Melanesien und Polynesien gilt als «Drehscheibe des Südpazifiks». Der Tourismus hat sich hier schon frühzeitig zu einem bedeutenden Wirtschaftszweig entwickelt. Aufgrund seiner grandiosen, kontrastreichen Landschaften und seiner überaus herzlichen und gastfreundlichen Menschen sucht Fidschi als Urlaubsgebiet seinesgleichen. Aus über dreihundert Inseln bestehend, ist es ein Dorado für Wassersportler, Wanderer und Golfer, aber auch für alle, die an einem der zahllosen einsamen Strände ihren ganz individuellen Südseetraum suchen. Es bietet dem Besucher moderne Städte neben kleinen, traditionsverbundenen Dörfern und eine lebendige Vielfalt pazifischer, aber auch indischer, chinesischer und europäischer Kulturen. Einst von den britischen Kolonialherren als billige Arbeitskräfte für die Zuckerrohrplantagen aus Indien nach Fidschi geholt, haben sich die Hindus, Muslims und Sikhs inzwischen längst überaus erfolgreich auch in anderen Wirtschaftsbereichen engagiert. Als nach den Parlamentswahlen im April 1987 die indische Bevölkerungsgruppe nach ihrer numerischen und ökonomischen Überlegenheit nun auch noch, jedenfalls nach Auffassung nationalistischer Fidschianer, das politische Sagen hatte, erfolgten zwei Militärputsche. Mittlerweile ist die politische Stabilität wieder eingekehrt. Die Verfassung ist zugunsten der Fidschianer geändert worden, und die Inder haben sich mit dieser Lage arrangiert. Sitiveni Rabuka, der damalige Führer des Putsches, ist heute zum zweitenmal frei gewählter Premierminister.

Oben: Das Hochland von Viti Levu, der größten Insel von Fidschi, ist vulkanischen Ursprungs.

Unten: Ein schattiges Hausboot im Cultural Center bei Pacific Harbour auf der Insel Viti Levu (Fidschi).

FÖDERIERTE STAATEN VON MIKRONESIEN (Federated States of Micronesia) ④. Diese Republik ist ein im Jahr 1990 gegründeter Zusammenschluß der vier Teilstaaten *Pohnpei* (früher Ponape), *Kosrae* (früher Kusaie genannt), *Chuuk* (Truk) und *Yap*. Die nach ihrer größten Insel genannte Gruppe Pohnpei besteht aus einer 770 Meter über dem Meeresspiegel aufragenden, üppig bewachsenen Vulkaninsel und acht Atollen mit einer Gesamtfläche von 345 Quadratkilometern. Nicht nur für archäologisch interessierte Besucher sind die Ruinen von *Nan Madol*, zu deutsch etwa «Ort der Räume», überaus sehenswert. Zwischen dem 13. und 15. Jahrhundert sind hier auf 92 teilweise künstlich angelegten Inseln Königspaläste, Kultstätten, Wohnhäuser usw. aus riesigen Basaltblöcken erbaut worden. Interessant ist ebenfalls das Kulturzentrum, das einen guten Überblick über das traditionelle Kunsthandwerk Mikronesiens bietet. Die Kosrae-Gruppe besteht aus insgesamt zehn Inseln mit einer Gesamtfläche von nur 110 Quadratkilometer. Die Ruinenstadt auf der kleinen Insel *Leluh*, auch Lela genannt, ist mit der von Pohnpei vergleichbar. Die Truk-Gruppe, die aus einer Vielzahl langsam absinkender Vulkaninseln und kleiner Atolle mit einer Landfläche von zusammen nur 127 Quadratkilometer besteht, war Schauplatz einer der heftigsten Seeschlachten während des Zweiten Weltkriegs. *Yap* ist die größte Insel der gleichnamigen Gruppe mit einer Gesamtfläche von nur 118 Quadratkilometer. Berühmt wurde diese Insel durch ihr Steingeld (siehe Seite 52), das auch heute noch eine bedeutende Rolle im sozialen Leben der Einheimischen spielt. Zwar gibt es in allen Teilen des Landes Hotels und kleine Gasthäuser, doch sind diese Inseln und Atolle wohl eher etwas für Individualisten. Nur Insidern dürfte bekannt sein, daß die Tauchgebiete in diesem Teil Mikronesiens das Prädikat «Weltklasse» besitzen. So haben Unterwassersportler in der seichten, planktonreichen *Yap-Lagune* die seltene Gelegenheit, riesige Mantas aus nächster Nähe zu beobachten. Für Freunde des Bizarren bietet sich die *Truk-Lagune* an, die Kenner als das unumstritten beste Wrack-Tauchgebiet der Welt einordnen. Über siebzig versenkte Schiffe und abgeschossene Flugzeuge der japanischen Kriegsflotte liegen hier auf dem Meeresboden. Trotz des Bewuchses, der sich in den letzten fünfzig Jahren gebildet hat, sind viele Details noch erkennbar – Maschinen- und Mannschaftsräume, ganze Schiffsladungen mit Kriegsgerät und sogar ein noch gut erhaltener Operationssaal.

FRANZÖSISCH-POLYNESIEN (Polynésie Française) ⑤. Es besteht aus etwa 130 Inseln und Atollen, aufgeteilt auf fünf Archipele: die *Gesellschaftsinseln* mit der rund tausend Quadratkilometer großen Hauptinsel *Tahiti*, die abgeschieden im Norden liegenden *Marquesas* mit dem bekannten Eiland *Hiva Oa*, auf dem Paul Gauguin und Jacques Brel ihre letzte Ruhestätte fanden, die aus rund siebzig Atollen bestehenden *Tuamotus* mit dem größten geschlossenen Atoll der Welt, sowie die kleinen *Gambier-* und *Austral-Inseln*. Tahiti wird fälschlicherweise oft gleichgesetzt mit dem gesamten Inselgebiet Ost-Polynesiens, das die Franzosen bereits im Jahr 1843 annektierten. Tahiti, das ist der Südsee-Klassiker schlechthin, Inbegriff des romantischen Südseetraums. Dabei bietet die Insel nicht annähernd das, was man sich daheim, die Hochglanzprospekte in den Händen haltend, erträumte und weit weniger als viele Außeninseln. Bezeichnend für Tahiti ist, daß die beiden einzigen traditionellen Häuser, die es auf der ganzen Insel gibt, dem Schweden Bengt Danielsson und seiner französischen Ehefrau Marie-Thérèse gehören. Er wollte nach dem Zweiten Weltkrieg zusammen mit dem norwegischen Archäologen Thor Heyerdahl dessen Hypothese erhärten, die Inselwelt Polynesiens sei von Südamerika aus besiedelt worden. Als spektakulärer Beweis diente ihnen 1947 ihre Fahrt auf dem nach alter Inka-Technik gebauten Floß *Kontiki* von Peru bis zu einem Atoll des Tuamotu-Archipels (siehe Seite 18). Mit ihren Büchern und Aufsätzen forderte das Ehepaar in den letzten Jahren Frankreich unermüdlich auf, die Nukleartests im Südpazifik zu stoppen. *Papeete*, das politische und wirtschaftliche Zentrum Tahitis, ist laut und erstickt am dichten Verkehr. Wer seine schönsten Tage im Jahr nicht so verbringen möchte, der sollte rasch Geld wechseln und sich um seine Weiterreise auf eines der vielen anderen Eilande kümmern. Nach *Moorea* zum Beispiel, mit ihren steilen, dichtbewachsenen Berghängen und malerischen Buchten, braucht die Fähre nur eine gute Stunde. Oder zur Trauminsel par excellence, *Bora Bora*. Trotz des ganzen Rummels, der um sie gemacht wird, ist die «Perle des Pazifiks» mit ihrer Lagune und dem Bilderbuchkorallenring atemberaubend schön, leider aber auch ebenso teuer. Etwas beschaulicher ist die nur 74 Quadratkilometer große Insel *Huahine*, deren Brandung Surferherzen höher schlagen läßt. Die schroffe, von tropischem Regenwald überwucherte Bergwelt Tahitis, deren höchste Erhebung der *Mount Orehena* mit über 2200 Meter ist, stellt eine Herausforderung selbst für erfahrene, gut durchtrainierte Wanderer dar. Vor allem aber sind die Inseln Französisch-Polynesiens ein Paradies für Wassersportler.

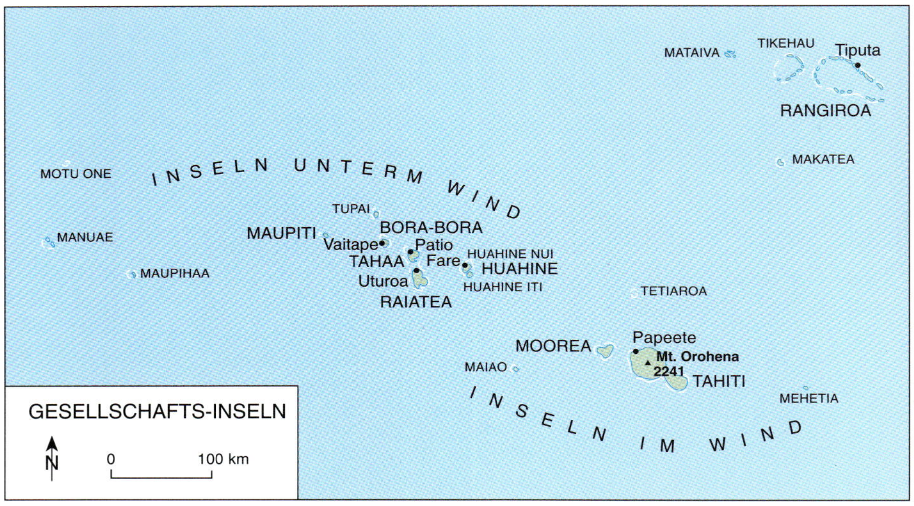

KIRIBATI (Republic of Kiribati/Ribaberikin Kiribati) ⑥. Die seit 1979 unabhängige Republik, in der Landessprache «Kiribas» ausgesprochen, erstreckt sich über ein riesiges Seegebiet im Zentralpazifik: Ihre 33 Koralleninseln und Atolle mit einer Gesamtfläche von nur wenig mehr als Hamburg sind auf einer Meeresfläche verstreut, die zehnmal größer ist als die Bundesrepublik. Der Fremdenverkehr ist auf diesen nur knapp über dem Meeresspiegel liegenden Inseln noch nicht sehr ent-

1

2

wickelt. Vor allem der Naturpark auf der im Osten liegenden Weihnachtsinsel, heute *Kiritimati* genannt, Heimat der größten Trauerseeschwalbenkolonie der Welt, wäre für Vogelliebhaber interessant. Doch ihre isolierte Lage, vor allem aber die Tatsache, daß dieses 364 Quadratkilometer große Eiland in den fünfziger und sechziger Jahren Schauplatz britischer und amerikanischer Atomtests mit den hinlänglich bekannten Folgen war, verhindert wohl auch zukünftig einen erfolgversprechenden Ausbau des Tourismus.

NEUKALEDONIEN (Nouvelle Calédonie) ⑧. Wie ein französisches Baguette sieht die rund vierhundert Kilometer langgezogene Hauptinsel Neukaledoniens, *Grande Terre*, aus. Frankreich, das diese zu Melanesien gerechneten Inseln bereits im Jahr 1853 annektierte, hält auch weiterhin, ungeachtet der Unabhängigkeitsbewegung der Kanaken, wie die Einheimischen sich selbst nennen, an diesem Überseeterritorium fest. Kanake, dieses Wort polynesischen Ursprungs, bedeutet etymologisch nichts anderes als «menschliches Wesen».

3

NAURU (Republic of Nauru/Naoero) ⑦. Ein 21 Quadratkilometer großer Korallenblock mitten in den Weiten des Ozeans: Dieser seit 1968 souveräne Staat ist einer der kleinsten, aber auch einer der reichsten der Welt. Aufgebaut haben die rund fünftausend Einheimischen ihren immensen Wohlstand auf Vogelmist, den man rund um den Erdball als «Guano-Dünger» verwendet. Die Exkremente von Seevögeln, die auf dieser Insel über Jahrmillionen nisteten, bildeten ein Gestein, das einen Phosphatgehalt von bis zu 88 Prozent aufweist. Die Folgen des Phosphatabbaus haben eine triste, unbewohnbare Mondlandschaft hinterlassen. Daß die Phosphatvorkommen in wenigen Jahren endgültig erschöpft sein werden, stört die Nauruaner kaum. Sie werden auch künftig nicht darben müssen, haben sie doch gewinnbringend in ausländische Immobilien, Firmenbeteiligungen und andere Kapitalanlagen investiert. Touristisch bietet Nauru nur wenig Anreiz.

1 *Die Lagune von Bora Bora in Französisch-Polynesien.* – 2 *Handbemalte Pareu-Stoffe auf Moorea in Französisch-Polynesien.* – 3 *Segelkanu in Kiribati.* – 4 *Fische für den Erdofen.*

Mit ein Grund für die unnachgiebige Haltung des Mutterlands dürfte der Erzreichtum sein, vor allem zu nennen sind die großen Nickelvorkommen, die das Territorium zum zweitgrößten Produzenten der Erde machen. Die Straßenzüge und

4

Plätze der Hauptstadt *Nouméa* erinnern an eine südfranzösische Provinzstadt, die Kaufhäuser und Modegeschäfte sowie die überteuerten Restaurants und Hotels lassen einen hingegen eher an Paris denken. Lohnenswert ist der Besuch des Aquariums. Allen Nichttauchern bietet sich hier die Gelegenheit, die überwältigende Schönheit lebender Korallenriffe und die farbenprächtige Vielfalt tropischer Fische zu bewundern. Grande Terre, mit ihrer

WOHIN MIT DEM MÜLL?

Umweltprobleme in der Südsee

Als hätten die finanzschwachen Pazifikstaaten nicht schon genügend hausgemachte Schwierigkeiten mit der fortschreitenden Verstädterung und dem wachsenden Zivilisationsabfall, haben sie Atomtests und internationaler Mülltourismus zusätzlich in die Schlagzeilen der Weltpresse gebracht.

Allein schon der magische Klang von Namen wie Tahiti, Bora Bora, Moorea oder Rangiroa beschwört romantische Südseeträume herauf. Doch fallen einem nicht im nächsten Moment jene Nachrichtenmeldungen von Atomtestversuchen ein? Waren die nicht auch irgendwo da in der Südsee, in dem Teil, den die Franzosen ihr eigen nennen? Die Landschaften der Inseln sind wirklich traumhaft schön, das seichte Wasser in den Lagunen schimmert tatsächlich in allen nur erdenklichen Farbschattierungen von tiefblau bis strahlend smaragdgrün, und auch die von Palmen gesäumten goldgelben Strände existieren wirklich. Nur die radioaktive Verseuchung von *Mururoa* ist eben auch Realität, und die tägliche *Rush-hour* auf den Asphaltstraßen der Hauptstadt *Papeete* mit den vollklimatisierten Betonbauten gehört genauso zu *Tahiti* wie die mitunter tagelangen Regenschauer, die die Natur so überschwenglich sprießen lassen.

Die Spuren des Taifuns «Bebe» von 1972 sind auf Funafuti (Tuvalu) immer noch nicht beseitigt.

Eine große Herausforderung auf den flächenmäßig kleinen Inseln der Südsee ist die rasche Zunahme der Bevölkerung in den Städten. In *Port Moresby*, der Hauptstadt *Papua-Neuguineas*, leben heute schon mehr als 200 000 Einwohner. Das weltweit als Landflucht bekannte Phänomen hat in Ozeanien besonders gravierende Folgen. Mit der ständig steigenden Einwohnerzahl und den stetig zunehmenden Importen von Konsum- und Industriegütern wachsen auch die Müllberge und Schrotthaufen vor den Toren der großen Städte. Wie steht es mit der Abwasserentsorgung? Da auch hier die geldaufwendige Infrastruktur, wie etwa Kläranlagen und Kanalisationssysteme, wie wir sie kennen, vielerorts nicht existiert, wird der Dreck einfach meist ungeklärt ins nahe Meer geleitet.

Müllplatz Lagune: 1500 Einwohner pro Quadratkilometer leben auf dem Atoll Funafuti.

Untersuchungen belegen das Ausmaß der unsichtbaren Umweltschäden, die heute schon eingetreten sind. Die Konzentration von Arsen, Cadmium oder Quecksilber übersteigt an manchen Plätzen bereits bei weitem die tolerierbaren Höchstwerte. Doch Umweltschutz ist teuer, zu teuer für die finanzschwachen kleinen Pazifikstaaten, und Bürgerinitiativen, die entsprechenden Druck auf die politisch Verantwortlichen ausüben könnten, gibt es noch nicht genug.

Als wäre die fortschreitende Verschmutzung des Bodens, des Grundwassers, der Flüsse und Lagunen nicht bereits jetzt schon traurige Realität, haben ausländische Firmen die Pazifikstaaten als potentiellen Absatzmarkt für Zivilisationsschrott entdeckt. Da sie ihren Giftmüll in den eigenen Ländern nicht mehr lagern dürfen, bieten sie den Südseestaaten mittlerweile viel Geld für die Müllabnahme bzw. Müllversenkung im Meer. Schlagzeilen machte beispielsweise das Angebot einer US-amerikanischen Firma an Tonga, dort dreißig Millionen alte Autoreifen zu verbrennen. Ähnliche Beispiele gibt es für andere Inselstaaten wie Vanuatu, Papua-Neuguinea, die Salomon- und die Marshall-Inseln.

Japanischer Kriegsschrott aus dem Zweiten Weltkrieg am Strand von Tarawa in Kiribati.

Die Südsee – bald schon Müllhalde für den Rest der Welt? Noch haben die Pazifikstaaten den Angeboten widerstanden, ihre ständig negativen Handelsbilanzen auf diese Art auszugleichen.

Wenn der «homo touristicus» bereit ist, all die gängigen Klischeevorstellungen einzutauschen gegen die Realitäten dieser so vielfältigen und manchmal auch widersprüchlichen Inseln im Pazifischen Ozean, hat er eine Chance, die Südsee so kennenzulernen, wie sie ist. An manchen Tagen mag dann dem einen oder anderen der Urlaub auf Tahiti trotzdem tatsächlich wie ein faszinierender Kurzaufenthalt im Paradies erscheinen, von dem er zuhause noch lange sehnsüchtig träumen wird.

Rosemarie Schyma

Das Naturschutzgebiet an der Mündung des Rivière Bleue an der Südküste der Insel Grande Terre in Neukaledonien umfaßt mehr als 9000 Hektar. Niedrige Sträucher und Trockenfarne bedecken die rostrote Erde am Saum der vielarmigen Bucht.

über 1600 Meter hohen Bergkette im Landesinneren, ist von dem zweitlängsten Barriere-Riff der Welt umgeben. Doch nicht nur für Taucher, Windsurfer und andere Wassersportfans sind die Inseln Neukaledoniens ein ideales Revier, sondern auch für Wanderer und Naturliebhaber. Etwa 80 Prozent aller Pflanzen und 18 der 88 Vogelarten sind endemisch, und besonders die heimischen Schmetterlingsarten zeichnen sich durch ihre farbenprächtige Schönheit aus. Hervorzuheben ist ebenfalls der seltene, flugunfähige *Cagou*, der Nationalvogel des Landes. Ein winziges Südseeparadies ist die südlich gelegene *Île des Pins*, auch Isle de Kunie genannt, mit ihren herrlich weißen Sandstränden. Die flachen *Loyauté-Inseln (Îles de la Loyauté)* im Osten sind berühmt für ihre zahlreichen Arten von wildwachsenden Orchideen und Farne.

Piraten waren früher in den Gewässern um Papua-Neuguinea gefürchtet. Heute sind sie nur noch Folklore, wie hier auf einem Festival in Port Moresby.

PAPUA-NEUGUINEA (Papua New Guinea/Papua Nugini) ⑨. Läßt man die griffigen und oft nur effekthaschenden Schlagworte der Touristikbranche von «Steinzeitmenschen» und «Schlammännern» weg, bleibt ein in der Tat faszinierendes Land übrig, das überaus reich ist an lebendigen Traditionen und Naturschönheiten. Der seit 1975 unabhängige Staat Papua-Neuguinea mit seiner im Jahr 1873 gegründeten Hauptstadt *Port Moresby* umfaßt den Ostteil Neuguineas, das *Bismarck-Archipel*, die früher zu den Salomonen gehörenden Inseln *Bougainville* und *Buka* sowie über sechshundert weitere Inseln und Atolle. Mit einer gesamten Landfläche von rund 470 000 Quadratkilometer ist dieser Pazifikstaat fast anderthalbmal so groß wie die Bundesrepublik, die Bevölkerung wird jedoch auf nur wenig mehr als vier Millionen Einwohner geschätzt. Bis zum Ersten Weltkrieg war der Nordosten des Staatsgebiets deutsche, der Süden britische Kolonie. Später verwaltete Australien beide Regionen. In den Hochtälern des gebirgigen Festlands und auf den Außeninseln leben rund tausend verschiedene Stämme mit über 860 lokalen Sprachen. Als Hauptverkehrssprache fungiert in Papua-Neuguinea das sogenannte Pidgin-Englisch. Vor allem die Menschen in abgelegenen, schwer zugänglichen Gebieten blieben bis vor wenigen Jahrzehnten von westlichem Einfluß nahezu unberührt. Die fremdartigen Kulturen dieser Bevölkerungsgruppen, aber auch die landschaftlichen Schönheiten des Landes mit seinen herrlichen Stränden und Unterwassergärten mit ihrer immensen Artenvielfalt sowie das kühle, bis zu 4500 Meter aufsteigende Hochland und seine einzigartige Flora und Fauna mit etwa zweitausend Orchideenformen und 38 der 43 bekannten Paradiesvogelarten machen Papua-Neuguinea zu einem der beeindruckendsten Reiseziele. Die

SING-SING AUF PAPUA-NEUGUINEA

Die traditionellen Feste, die zu Ehren der Geister und Ahnen, aber auch zur Freude der Lebenden alljährlich in den einzelnen Provinzen gefeiert werden, sind für die zahlreichen Bergstämme Papua-Neuguineas wichtige Treffen, bei denen gemeinsam getanzt und gesungen wird. Zuvor verfeindete Stämme haben hier Gelegenheit, ihren Streit auf eine höchst friedvolle Weise beizulegen. Diese zeremoniellen Tanztreffen werden *Sing-Sing* genannt. Die Teilnehmer tragen traditionelle Kleidung und Schmuckstücke, ihre Körper sind mit Ruß und Öl eingerieben. Am beeindruckendsten sind die farbenprächtige Bemalung der Gesichter und der zumeist aus bunten Paradiesvogel- und Papageienfedern bestehende Kopfschmuck in vielen Formen.
Neben den ursprünglichen, heute nur noch in abgelegenen Gegenden veranstalteten Sing-Sings, gibt es auch mehr und mehr kommerzielle Großveranstaltungen. Berühmt sind die sogenannten *Highland Shows*, die abwechselnd in den kleinen Bergorten *Goroka* und *Mount Hagen* stattfinden, oder das *Southern & Highlands Regional Festival* in der Hauptstadt Port Moresby.

Im Hochland von Papua-Neuguinea lebt und kleidet man sich noch wie vor Jahrtausenden.

Konfrontation mit der Moderne hat auch ihre Schattenseiten. Wie kaum ein anderes Land macht Papua-Neuguinea Entwicklungsschritte im Zeitraffertempo durch. In Großprojekten wird der Abbau von Gold und Kupfer intensiv betrieben, wird der tropische Regenwald rigoros abgeholzt – die Umweltschäden sind unübersehbar. Ungelöst sind seit Jahren neben den ökologischen auch die sozialen Probleme, die ihren Ausdruck unter anderem in der hohen Kriminalitätsrate vor allem in der Hauptstadt finden.

1

PITCAIRN (Pitcairn) ⑩. Die «Meuterei auf der Bounty» ist ein Stoff, aus dem ungezählte Bücher geschrieben und Hollywood-Filme gedreht wurden. Wer kennt sie nicht, die Auseinandersetzungen zwischen dem cholerischen Kapitän William Bligh und dem jungen Wachoffizier Fletcher Christian, die im Jahr 1789 zur berühmtesten Meuterei in der Geschichte der Seefahrt führten? Nachdem sie ihren Kommandanten und seine Getreuen in einem Ruderboot ausgesetzt hatten, suchten die Meuterer auf Pitcairn Zuflucht, einem nur drei Kilometer langen und anderthalb Kilometer breiten, isolierten Vulkanfelsen im Südostpazifik. Der weitere Verlauf der Geschichte ist weniger ruhmreich: Nur einer der neun Meuterer überlebte die tödlichen Streitereien um die zwölf mitgenommenen tahitianischen Frauen. Einzig John Adams, alias Alexander Smith, wohnte um 1800 noch mitsamt seinen zehn Frauen und 23 Kindern auf Pitcairn. Etwa sechzig ihrer Nachkommen leben auch heute noch auf diesem winzigen Eiland, abgeschieden vom Rest der Welt. Die nächste bewohnte Insel befindet sich rund fünfhundert Kilometer entfernt. Schwer zugänglich ist die britische Kolonie noch immer: Die Anreise ist nur mit einer Yacht oder einem Frachter möglich; gelegentlich stoppt auch einmal ein Kreuzfahrtschiff weit draußen vor der Küste zu einem kurzen Besuch.

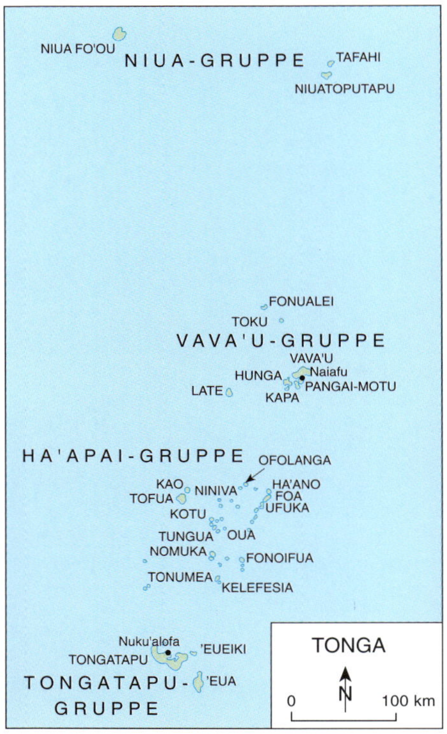

SALOMON-INSELN (Solomon Islands) ⑪. Das «Land der tausend Inseln» liegt fern ab der ausgetretenen Touristenpfade im Zentrum Melanesiens. Der Name erinnert noch heute an die – vergebliche – Suche des Spaniers Alvaro de Mendaña nach den sagenhaften Gold- und Silberschätzen König Salomons. *Guadalcanal* ist mit nahezu 6500 Quadratkilometer die größte und zugleich wichtigste Insel dieses seit 1978 von Großbritannien unabhängigen Staates. Hier, wie überall auf den Inseln, mahnt verrostetes Kriegsgerät – Panzer, Flugzeuge und Artilleriegeschütze – an blutige Schlachten während des Zweiten Weltkriegs. Teile versenkter Schiffe auf dem Boden der nördlich von Guadalcanal gelegenen Meeresenge, die heute den bezeichnenden Namen *Iron Button Sound* trägt, sind stumme Zeugen des einst mörderischen Kriegs zwischen Japan und den Alliierten. Heute sind die Wracks schaurige Attraktionen für Taucher aus aller Welt. *Honiara*, das wirtschaftliche Zentrum des Salomon-Archipels an der Nordküste der gebirgigen, mit dichtem Regenwald bedeckten Insel, hat nach Kriegsende die einstige Hauptstadt *Tulagi* auf *Nggela* abgelöst. Die Stadt entstand aus einem früheren amerikanischen Militärcamp. Interessant sind hier das *National Museum* mit seiner Sammlung historischer Exponate, ein Besuch der *Central Bank*, deren Ausstellung einen guten

2

Überblick über die traditionellen Währungen des Archipels bietet, sowie der 15 Hektar große *Botanische Garten.* Beeindruckend und befremdlich zugleich ist ein Spaziergang durch das alte *Chinesenviertel.* Die Felszeichnungen in der *Poha-Höhle* unweit der Hauptstadt sowie die im gleichnamigen Tal durchgeführten archäologischen Grabungen lassen darauf schließen, daß diese Gegend schon vor mehr als sechstausend Jahren besiedelt war. Wer eine Besichtigungserlaubnis für diese bislang älteste belegte Wohnstätte der Salomon-Inseln erhalten möchte, wende sich bitte an das Museum. Besuche auf eigene Faust sind unerwünscht. Auf der kleinen Insel *Savo* nisten die eigenartigen Großfußhühner *(Megapodius pritchardies)*, die ihre Eier zum Ausbrüten

1 *Ein Sonnenschirm bietet Schutz vor der stechenden Äquatorsonne auf den Salomonen.*

2 *Auki ist das städtische und wirtschaftliche Zentrum von Malaita. Die Hafenbucht der Salomon-Insel wird von malerischen Fischerhäusern flankiert.*

3 *Marktfrauen in Neiafu: Auf den Inseln von Tonga gedeihen Früchte im Überfluß.*

3

4 Ein «Tam Tam» auf dem Eiland Wala vor der Nordostküste von Malakula. Reichgeschnitzte Holzskulpturen und Reliefs gehören zum Kulturerbe der zweitgrößten Insel von Vanuatu.

5 Gelegenheit zum Angeln und Fischen, wie hier auf Malakula in Vanuatu, findet sich auf den Pazifikinseln fast überall.

etwa einen halben Meter tief in dem warmen Sand am Strand vergraben und deren Küken bereits in vollem Federkleid schlüpfen. Überaus lohnenswert ist ein Ausflug auf die dicht besiedelte Insel *Malaita.* In den Lagunen von *Lau* und *Langa Langa* werden seit Generationen bis zu vier Meter über dem Meeresspiegel aufgeschüttete Inseln von Menschenhand geschaffen. Schon seit etwa fünfhundert Jahren, so wird geschätzt, ist der Bevölkerungsdruck auf dieser etwa 3800 Quadratkilometer großen Insel so hoch, daß neue Familien eigene künstliche Wohninseln aus Korallenblöcken errichten, die sie mit Sand und Mutterboden auffüllen. Malaita ist darüber hinaus berühmt für seine Produktion des traditionellen Muschelgeldes.

4

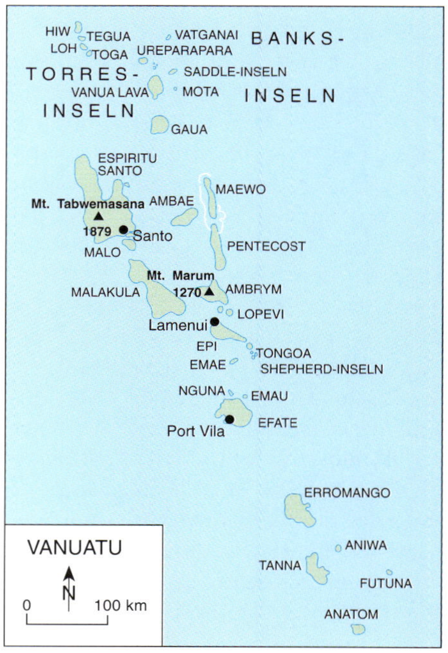

KÖNIGREICH TONGA (Kingdom of Tonga/Pule'anga Tonga) ⑫. Das «Kronjuwel der Südsee» nennt sich das kleine, aus 170 Inselchen bestehende Königreich gern selbst. Auch in Deutschland bekannt ist der mehr als korpulente Monarch, Taufa'hau Tupou IV., der sich sehr für preußische Geschichte interessiert. Weniger bekannt sein dürfte, daß Seine Majestät den Landesrekord im Stabhochsprung hält. Den legendären Satz über die drei Meter hohe Stange tat er zwar schon vor rund fünf Jahrzehnten, doch seither wurden eben keine Wettkämpfe mehr ausgetragen. Etwas verschlafen wirkt selbst die Hauptinsel *Tongatapu* mit der Hauptstadt *Nuku'alofa.* Auch in absehbarer Zeit, so scheint es zumindest, werden hier wohl keine revolutionären Ereignisse stattfinden, die Tonga auf die Titelseiten der Weltpresse bringen könnten. So recht geeignet für streßgeplagte, Erholung suchende Mitteleuropäer sind sie, diese königlichen Inseln mitten im Südpazifik. Berühmt ist das *Ha'amonga'a Maui* genannte Steinmonument, das der Legende nach der polynesische Halbgott *Maui* auf seinen Schultern nach Tonga

5

getragen haben soll. Ebenfalls interessant sind das Naturschutzgebiet von *Kolovai,* wo Hunderte von Flughunden tagsüber mit den Köpfen nach unten in den Kasuarinenbäumen hängen, und die bis zu zwanzig Meter hoch aufschießenden Wasserfontänen an der Westküste der Hauptinsel. Die touristische Perle Tongas ist jedoch zweifellos die Inselwelt von *Vava'u.* Der traumhaft schöne Naturhafen von *Neiafu,* dem kleinen Hauptort, ist ein wahres Mekka für Segler.

REPUBLIK VANUATU (Republic of Vanuatu/République de Vanuatu/Ripablik belong Vanuatu) ⑬. 83 zumeist üppig bewachsene, gebirgige Vulkaninseln, in der Form eines Ypsilon angeordnet, bilden den Staat Vanuatu, das «Land, das schon immer existiert hat», früher auch Neue Hebriden genannt. Von 1906 bis zur Unabhängigkeit im Jahr 1980 wurden die Inseln von Großbritannien und von Frankreich gemeinsam verwaltet. So ist es auch nicht weiter verwunderlich, daß beide Sprachen bis heute als Amtssprachen verwendet werden. Daneben existieren etwa 115 verschiedene melanesische Dialekte. Allgemeines Verständigungsmittel ist *Bislama,* das aus dem englischstämmigen Pidgin entwickelt wurde. Die Hauptstadt *Port Vila* befindet sich an der Südwestküste der zentral gelegenen, rund 880 Quadratkilometer großen Insel *Efate.*

Natürliche tropische Gärten, Kraterseen und Wasserfälle gibt es im fast unbewohnten gebirgigen Inneren der Insel 'Upolu (West-Samoa) zu entdecken. Im Naturschutzgebiet der Togitogiga Recreation Reserve bildet ein von Wasserfällen gespeistes Becken einen wundervollen einsamen Badeplatz.

Aufgrund ihrer malerischen Lage und der interessanten Architektur wird sie auch von vielen als eine der schönsten Städte des Pazifiks bezeichnet. Besonders sehenswert ist hier das Kulturzentrum, in dem traditionelle Kultgegenstände, Masken und vieles mehr gezeigt werden. Efate selbst bietet mit ihren zahlreichen vorgelagerten Eilanden und die sie umgebenden Korallengärten exzellente Tauchgründe. Berühmt ist die Insel *Pentecost.* Um eine reiche Yams-Ernte im folgenden Jahr zu beschwören, springen Knaben und Männer bei einem *Naghol* genannten Ritual von einer Plattform eines aus Baumstämmen und Lianen errichteten Turmes bis zu etwa dreißig Meter kopfüber in die Tiefe. Die elastischen Lianen, die an den Fußgelenken festgebunden sind, bremsen den Sturz nur wenige Zentimeter vor dem Boden ab. Bei dieser Urform des «Bungee Jumping» müssen die mutigen Teilnehmer die richtige Stärke und Länge der Lianen selbst berechnen. Einst fand das Naghol nur alle fünf Jahre statt. Es war gleichzeitig auch ein Initiationsritual, da die beschnittenen Jungen erst nach ihrem ersten Sprung in die Gemeinschaft der Männer aufgenommen wurden. Inzwischen ist aus diesem wichtigsten Fest des Landes ein touristisches Ereignis geworden. Zu bestaunen ist das Spektakel nun alljährlich jeden Samstag im April und Mai in den Orten *Wali* und *Bunlap.* Auf *Tanna,* der Insel des nach John Frum genannten Cargo-Kults, gibt es einen noch aktiven Vulkan, ausgedehnte Aschefelder und heiße Quellen. *Espiritu Santo,* die mit rund viertausend Quadratkilometer größte Insel Vanuatus, bietet sich für alle an, die die Unterwasserwelt der Südsee erleben wollen.

WEST-SAMOA (Independent State of Western Samoa/Malo Tuto'atasi o Samoa/Sisifo) ⑭. Als «Wiege Polynesiens» wird das Land gern bezeichnet, in dem mehr als anderswo traditionelle Kultur und dörfliche Lebensweise erhalten geblieben sind. Auch wenn man zunehmend Abstriche von diesem stolzen Werbeslogan West-Samoas machen muß, sind diese Südseeinseln ein großartiges Urlaubsziel, allein schon wegen der landschaftlichen Schönheit des Landes mit seiner faszinierenden Berglandschaft, seinen zahlreichen Wasserfällen und kleinen Kraterseen, den goldgelben Stränden, von Korallenriffen geschützten, türkisfarbenen Lagunen. West-Samoa, so scheint es, hat sich vorgenommen, alle Südseeträume wahr werden zu lassen. Auf *'Upolu* reihen sich malerische, überwiegend aus den althergebrachten offenen, ovalen Häusern erbaute Dörfer mit sorgfältig gepflegten Vorgärten entlang des schmalen Küstenstreifens aneinander. Mit ihren gewölbten, aus Kokoswedeln geflochtenen Dächern sind die *Fale,* wie diese alten Häuser heißen, ein Sinnbild dafür, daß Privatleben in diesem Land weitestgehend unbekannt ist. Das Straßenbild von *Apia,* der Hauptstadt West-Samoas, ist geprägt durch Holzhäuser aus der Jahrhundertwende und nur wenige moderne Betonbauten. Längst eine Institution ist das *Aggie Grey's Hotel,* in dem schon Hollywood-Legenden wie etwa Gary Cooper und William Holden übernachteten. Firmenschilder mit deutsch klingenden Namen und Denkmäler auf der Halbinsel *Mulinu'u* erinnern an die deutsche Kolonialzeit, die im Jahr 1914 endete. Der *O le Pupu Pu'e-Nationalpark* oder das Korallenriff *Paolo Deep* sind interessante Ziele für Naturfreunde. Wesentlich dünner besiedelt als die Hauptinsel ist *Savai'i.* Kilometerlange Sandstrände, glasklare Lagunen, idyllisch gelegene Bilderbuchdörfer und ausgedehnte Lavafelder, die von der Kraft der teilweise noch aktiven Vulkane zeugen, sind die Charakteristika dieser noch ursprünglichen Trauminsel.

Im Herzen der Salomonen liegen zwischen New Georgia und Guadalcanal die flachen Russell Islands.

In der Langa Langa-Lagune auf Malaita sind Boote ein beliebter Kinderspielplatz.

Die Bagasi leben in den Wäldern Papua-Neuguineas.

Federn des Paradiesvogels schmücken diesen Mann vom Stamm der Huli auf Papua-Neuguinea.

ZUR SCHNELLEN ORIENTIERUNG – STICHWORTVERZEICHNIS

Kursive Seitenzahlen verweisen auf Abbildungen.

Die Häuser in Mao (Papua-Neuguinea) tragen für jede Frau ein Türmchen.

Das Yaqona-Trinkzeremoniell auf Fidschi ist ein uralter Brauch.

Dorfbewohnerin auf Espiritu Santo.